딱 2년 안에 무조건 돈 버는
부동산 투자 시크릿

3천만 원으로 3년 만에 50억을 만든
지역분석 고수 세빛희의 투자 비결

딱

2년 안에
무조건 돈 버는
부동산 투자
시크릿

김세희(세빛희) 지음

비즈니스북스

**딱 2년 안에 무조건 돈 버는
부동산 투자 시크릿**

1판 1쇄 발행 2021년 12월 10일
1판 20쇄 발행 2024년 10월 17일

지은이 | 김세희(세빛희)
발행인 | 홍영태
편집인 | 김미란
발행처 | (주)비즈니스북스
등 록 | 제2000-000225호(2000년 2월 28일)
주 소 | 03991 서울시 마포구 월드컵북로6길 3 이노베이스빌딩 7층
전 화 | (02)338-9449
팩 스 | (02)338-6543
대표메일 | bb@businessbooks.co.kr
홈페이지 | http://www.businessbooks.co.kr
블로그 | http://blog.naver.com/biz_books
페이스북 | thebizbooks
ISBN 979-11-6254-252-1 03320

누구나 부동산 투자로 진짜 인생을 살 수 있다

_유튜브 '부동산전망 No.1 렘군' 대표 김재수(렘군)

'어렵고 두려운 부동산 투자를 어쩜 이렇게 쉽고 재미있게 설명해줄까?'

이 책의 저자는 단순하고 설득력 있는 언어로 초보자들을 부동산 투자의 길로 이끈다.

내가 세빛희를 처음 만난 건 불과 2년 전이다. 유튜브 구독자 3만 명 기념 점심식사 이벤트를 열었는데, 그때 당첨된 8인 중 한 명이 바로 그녀였다. 점심을 먹으며 옆자리에 앉은 그녀의 살아온 이야기를 들으면서 이 사람은 꼭 누군가를 도와주는 삶을 살겠구나 싶었다. 이후 블로그와 유튜브에 도전하는 모습을 보며 응원하고 있었는데, 이제는 책을 써서 더 많은 사람에게 지식을 전하는 모습을 보니 내 예상이 틀리지 않았구나 싶다.

아이 둘 있는 워킹맘이 새벽 4시에 일어나 출근하기 전에 부동산 공부를 하고 주말에 가족들과 임장을 다니는 것은 말처럼 쉬운 일이 아니다. 하루이틀은 가능할지 몰라도 몇 년을 계속하기는 엄청난 의지력이 필요하다. 안정적인 공무원 15년 차 직장을 그만두고 불안정한 생산자의 삶을 사는 것도 쉬운 일이 아니다. 매 순간 안정보다 변화와 도전을 해 나가는 모습에서 부동산 투자자보다 인간 세빛희로서의 면모를 엿볼 수 있었다. 독자들도 부동산 지식뿐만 아니라 스스로 인생을 개척해나가는 방법에 있어서 깊은 인상을 받을 것이라고 생각한다. 이 책에서 저자는 시종일관 이렇게 말한다.

"부동산 공부 저처럼 하면 됩니다. 돈이 적어도 됩니다. 그래프 몇 개만 보셔도 됩니다. 초보라서 걱정인가요? 오히려 초보들이 더 유리한 부분이 있습니다. 제 사례를 보세요. 부족한 저도 했잖아요. 여러분도 꼭 한 번 해보세요."

이 말이 딱 맞다. 당신도 할 수 있다. 이 책의 내용을 그대로 따라 하기만 한다면.

추천의 글 2

그래서 부동산은 사람이다

_유튜브 '채널 제네시스박' 대표 박민수(제네시스박)

부동산 '투자'라는 말을 그리 좋아하지 않는다. 지나치면 투기로 변질될 수도 있고, 주거 안정을 위한 필수재로 접근하면 부동산은 더 이상 투자의 대상이라기보다는 생필품에 가깝기 때문이다. 그보다는 '부동산은 사람이다'라는 말을 나는 훨씬 더 좋아한다. 어떤 사람이 부동산으로 얼마 벌었다는 이야기보다 이를 통해 그 사람의 삶이 어떻게 달라졌는지를 보는 것이 훨씬 더 흥미진진하기 때문이다.

저자는 평범한 직장인이자 주부에서 뜻하는 바가 있어 내 집 마련을 하게 되었다. 그 과정에서 편견, 두려움 등을 극복하고 현재는 완전히 다른 '제2의 인생'을 살고 있다. 저자가 책에서 밝힌 투자수익은 그 자체로도 대단하고 놀라운 것이지만 한 사람의 인생이 변한 과정을 보면 그저 부수적인 것이다.

간혹 '사람의 가능성은 어디까지일까' 하는 생각이 든다. 대출을 받으면 큰일이 날 거라는 두려움도 한 번 생각이 바뀌니 오히려 적극적으로 대출을 내려고 하고, 수학을 싫어했던 성향도 자신의 삶이 변할 수 있다면 기꺼이 엑셀을 열고 차트를 그리게 된다. 없는 시간을 만들기 위해 매일 새벽 4시에 일어나 출근 전 3시간을 온전히 자기계발을 위해 사용하기도 한다. 단순히 돈을 더 많이 벌기 위한 행동이라기에는 이를 뛰어넘는 그 무엇이 분명 있다.

책에는 저자의 경험이 담담하게 쓰여 있는데 어떤 때는 '그래, 나도 그랬었지'라며 절로 고개를 끄덕일 정도로 공감 가는 에피소드가 많고, 어떤 때는 '이건 나도 할 수 있겠는데?'라는 생각이 들기도 한다. 그러면서 '아, 이렇게 하면 분명 나도 좋은 결과가 있겠어!' 하는 감탄으로 마무리된다.

또한 어렵고 복잡한 용어와 수식보다는 누구나 알 법한 내용으로 쉽고 유용하게 접근하는데 그 과정을 자신만의 경험과 기준으로 제시했다. 여기에 한 가지 더 욕심을 낸다면 독자들 역시 자신만의 생각을 첨가해서 이를 응용하고 보완한다면 정말 완벽하지 않을까. 저자가 그랬던 것처럼 말이다.

책에는 초보자가 쉽게 따라 할 수 있는 데이터 활용법, 저평가 지역 찾는 법 등 그 외 부동산 매매 시 필요한 다양한 팁들이 잘 나와 있다.

무엇보다 아무것도 몰랐던 상태에서 저자가 경험했던 내용과 고민에 대해 하나하나 설명했기에 누구나 곧바로 활용할 수 있다. 기초부터 실전까지 부동산을 제대로 배워보고 싶다면 반드시 읽어야 할 필독서다.

만약 이 책과 인연이 되어 여기에 나온 내용을 익혔다면 이후에는 저자의 성장 과정에 초점을 맞춰 다시 한 번 일독을 해주길 바란다. 그리고 책에서 나와 현실에서 저자가 어떤 활동을 하는지 유튜브, 블로그 등을 통해 소식을 들어보길 권한다. 저자의 다른 면모가 보일 것이다. 나는 이런 걸 좋아한다. 그래서, 부동산은 사람이다.

어떻게 2년 안에
돈을 벌 수 있는가

결혼하고 10년 동안 맞벌이를 했다. 내 돈으로 명품 가방 하나 사지 않고 아끼면서 열심히 살았는데, 남은 거라곤 변두리의 오르지도 않는 구축 아파트 하나가 전부였다. 이사가 겁이 나서 7년 동안 한 아파트에서 살았고, 평생 그곳에서 살 생각을 했다. 그만큼 부동산에는 전혀 관심이 없었으며, 돈이란 직장에 다니면서 열심히 일해야만 벌 수 있는 거라고 생각했다. 그러다가 주변 친구들이 대출을 받아서 인근의 새 아파트로 이사하는 것을 봤다. 새집으로 간 친구들의 집값은 1년도 되지 않아 2억씩 올랐다. 하지만 내가 사는 곳은 오히려 집값이 떨어졌다.

그제야 내가 잘못 생각했다는 걸 알게 됐다. 월급을 받으면서 아끼고 열심히만 살면 되는 줄 알았는데 그게 아니었다. 난 항상 돈 걱정을 해야 했고 미래는 막막했다. 새 아파트로 가려고 해도 대출금을 갚을 엄두가 나지 않았다. 어느 순간 내가 평생 당연하게 생각해온 것들이 당연하지 않을 수 있다는 걸 알게 됐다. 그러면서 어떻게 하면 이 상황에서 벗어날 수 있을지 방법을 찾기 시작했다. 그 끝에 찾은 것이 바로 부동산 투자다.

부동산 투자는 감으로 하는 줄 알았다. 그래서 전혀 공부가 되어 있지 않은 상황에서 바로 뛰어들었다. 성급했던 투자는 번번이 실패로 끝났고, 죄책감에 잠을 제대로 이루지 못했다. 전문가가 좋다고 해서 구축 아파트를 사기도 했고, 아무런 호재가 없는 신도시 오피스텔을 분양받기도 했다. 그때마다 팔리지 않아 오랫동안 마음 고생을 해야 했다. 그때는 정말 힘들었지만 실패에서도 분명히 배운 것이 있다. 부동산 계약부터 잔금을 치르는 방법, 대출을 받는 방법, 전세를 놓는 방법, 중개업소 소장님을 대하는 방법 등은 직접 몸으로 부딪쳐가며 수만 번 고심했기에 확실히 알게 됐다. 몇 차례의 실패 이후 정말 제대로 공부해봐야겠다고 결심했다.

아이를 돌봐주던 친정엄마가 뇌경색으로 쓰러지시고, 둘째 아이가 폐 수술을 받아야 하는 상황이 연달아 일어나면서 어떻게든 빨리 퇴사를 해야겠다고 생각했다. 하지만 남편 월급 200만 원은 우리 네 식구가 살아가기에는 턱없이 부족했다. 그럴수록 부동산 투자에 대한 간절함이 커졌다.

공부를 하면 할수록 종잣돈이 아쉬웠지만 투자에 쓸 수 있는 돈이 수중에 한 푼도 없었다. 고민 끝에 7년 동안 살았던 실거주 집을 팔고 월세로 들어가면서 종잣돈을 마련했다. 그렇게 마련한 돈으로 예전에는 엄두도 낼 수 없었던 입지 좋은 신축 아파트를 샀고, 그 일이 투자 인생의 터닝포인트가 됐다.

한편으로는 공부할 시간을 마련하기 위해 새벽 기상도 시작했다. 새벽 4시에 일어나서 출근하기 전까지 부동산 공부를 했고, 주말에는 가족과 함께 임장을 다녔다. 월세를 내기 위해 아이들 학원을 줄이고 집에서 직접 영어와 수학을 가르쳤다. 월세로 들어가면서 산 신축 아파트에서 수익이 나면서 자신감이 붙었고, 투자처를 계속 늘려나갔다.

나는 적은 종잣돈으로 2년 안에 수익률을 최대로 끌어올리는 것을 1차 목표로 했다. 그래서 최대한 가격이 저평가된 부동산을 샅샅이 찾아 2년 후 반드시 수익 실현을 해 투자금을 늘려나갈 계획을 세웠다. 2년이라는 기간을 설정한 이유는 부동산 물건을 매도할 때 기본세율이 적용되는 최소한의 기간이기도 하지만 1년이라도 빠르게 부를 늘리고자 했던 나만의 다짐 때문이기도 했다. 그렇게 독하게 3년을 살다 보니 어느새 순자산이 5배 이상 늘어났다.

지금은 회사를 그만두고 전업 투자자이자 강사, 1인 지식 기업가로 살아가고 있다. 부동산 투자가 아니었다면 아직도 매일 아침 우는 아이를 떼어놓고 아침 9시부터 저녁 6시까지 직장에 갇혀 있어야 했을 것이다. 하지만 지금은 커피 한잔과 함께 여유롭게 하루를 시작하며 내가 계획한 일을 한다. 보고해야 할 상사도 없고 잔소리하는 팀장도 없다. 이제는 남의 지시를 받아야 하는 삶이 아닌 내가 원하는 인생을 살고 있다.

이 모든 것이 부동산 투자 덕분이다. 지금까지 강의를 하면서 많은 수강생을 만났다. 초저금리 탓에 저축만으로는 자산을 불릴 수 없으니 투자를 해야 한다는 사실은 대부분 인지하고 있었다. 주식은 가격이 하루에도 몇 퍼센트씩 오르내리고 비트코인은 주식보다 더 변동성이 크기 때문에 비교적 장기간에 걸쳐 꾸준히 상승하는 부동산에 투자하겠다는 사람이 많았다. 하지만 어디서부터 어떻게 시작해야 할지 막막하다는 것이었다. 그중에는 나와 비슷한 처지인 엄마들도 많았는데, 평생 엄마로만 살아와서 할 줄 아는 게 아무것도 없다고 이야기하곤 했다. 남편이 벌어다 주는 돈으로 살기 때문에 남편 눈치가 보인다는 사람도 있었다. 그런 모습을 보면서 누구나 부동산 투자를 할 수 있다고 말해주고 싶었다.

나에게 부동산 투자는 어릴 적부터 꿈꾸어온 것들을 이룰 수 있는 징검다리였다. 단순히 돈만 많이 번다고 정답은 아니다. 결국 한 번뿐인 인생을 내가 진짜 살고 싶은 모습으로 살아야 한다. 현재 나는 그렇게 살고 있고 앞으로도 그렇게 살아갈 것이다.

이 책은 종잣돈이 부족한 초보들에게 초점이 맞춰져 있다. 서울·수도권 아파트가 좋다는 건 누구나 안다. 하지만 그걸 살 만큼 돈이 충분하지 않은 사람들이 훨씬 많다. 지방에 살았기 때문에 지방과 소도시 위주로 투자해온 나로서는 서울과 수도권 말고도 소액으로 딱 2년 안에 확실한 수익을 줄 수 있는 투자처가 많다는 걸 잘 알고 있고, 그 사실을 사람들에게 알려주고 싶었다.

투자 환경은 시간과 함께 변화하기 때문에 어디에 있는 어떤 아파트를 사라고 콕 집어 말할 순 없지만, 어떤 기준으로 결정하고 어떻게 관리해야 수익을 키울 수 있는지 그간 쌓아온 노하우를 알려주고 싶었다. 저평가 지역은 어떻게 찾는지, 어느 사이트에 가서 뭘 보면 되는지, 대출은 어떻게 받는지, 아파트를 매수할 때 무엇을 체크해야 하는지 등 부동산 투자에 처음으로 발을 디디는 초보자의 눈높이에서 쓰려고 했고 꼭 필요한 내용만 담으려고 노력했다.

어떤 일이든 처음부터 잘하는 사람은 없다. 부동산 투자 역시 마찬가지다. 하지만 한 땀 한 땀 바느질을 하듯 매일 하나씩이라도 배운 것을 실행해나간다면 분명 잘하게 되는 순간이 온다. 그것을 지탱해주는 힘은 절실함이다. 절실함만 잃지 않는다면 걸음을 내디딜 때마다 얻는 게 있을 것이다. 실패에서도 배우고 성공에서도 배워 당당하게 경제적 독립을 이루게 될 것이다. 부동산에 대해 아는 게 없어서 두렵다며 지레 포기하지 말고 지금부터 한 걸음을 떼어보자.

부동산 공부만큼
평등한 것도 없다

수년간 부동산 강의를 해오면서 많은 사람을 만났다. 그들에게 가장 자주 들은 말이 이것이다.

"저도 선생님처럼 투자하고 싶지만 시도할 엄두가 안 나요. 너무 어렵고 막막하다는 생각만 들어요."

이런 이야기를 들으면 너무 속상하다. 언뜻 어려워 보이지만 원리를 알면 정말 쉬운 것이 부동산 투자이기 때문이다. 나는 수학을 포기한 수포자였고 부동산과 관련 있는 학과를 졸업한 것도 아니다. 전공은 국문학이었다. 문과 출신이라서 경제 용어만 나오면 외계어가 아닌가 생각하기도 했다. 전혀 감이 오지 않았으니 말이다. 그랬던 내가 부동산 강의를 하고 있지 않은가. 부동산을 공부해오면서 느낀 건 문과 출신이어도 비전공자여도 아무 상관이 없다는 것이다.

타고난 재능을 요구하지 않는 유일한 영역

어떻게 보면 공부를 하는 데 부동산만큼 평등한 과목도 없다는 생각이 든다. 어려서부터 수학과 물리를 잘하는 친구들을 무척 부러워했다. 고등학생이 되니 더는 수학을 따라갈 수 없어 포기하게 됐고 물리도 마찬가지였다. 그런데 사촌 동생 한 명은 수학과 물리에 타고난 재능이 있었다. 오히려 가르치는 선생님보다 더 막힘이 없고 논리가 정연했다. 이렇게 한 분야에 재능을 타고나는 사람도 분명히 있다. 하지만 부동산은 그렇지 않다. 원리가 정해져 있기 때문에 그것만 공부하면 누구나 잘할 수 있다. 저평가 지역의 유망 투자처를 찾아낼 때는 '지표 찾기'와 '줄 세우기' 딱 두 가지만 생각하면 된다.

지표를 활용해 저평가 지역을 찾아서

2년 안에 오를 만한 아파트에 투자하는 것

이 원리만 알면 "선생님, 집을 사야 하는데요. 오를 아파트 좀 찍어주세요."라고 부탁하지 않아도 된다. 매일 아침 30분 동안 노트북 앞에서 필요한 그래프들을 확인하고, 투자처로 출동할 수 있는 실행력만 있으면 된다.

조금만 짬을 내도 반드시 오를 만한 집을 찾을 수 있다. 감으로 하는 투자가 아니기 때문이다. 데이터는 절대 거짓말하지 않는다.

최근 강의장에서 만난 한 수강생이 생각난다. 그분은 주부였는데, 부동산 투자가 절실했지만 종잣돈이 없었다. 그래서 현재 실거주하는 집을 팔고 월세를 살면서 투자하고 싶다고 했다. 하지만 이런 생각을 가족이 지지해주지 않았고, 자신도 정말 그렇게 할 수 있을지 용기가 나지 않는다는 것이다. 이야기를 들으면서 정말 예전의 나와 똑같다는 생각을 했다. 나 역시 부동산 투자를 너무나 하고 싶었지만 모아둔 종잣돈이 없었다. 가진 거라곤 변두리에 있는 아파트 한 채가 전부였다. 평생을 그렇게 살고 싶지 않았다. 더는 돈 걱정 안 하고 여유라는 것을 느껴보며 살고 싶었다. 그런 절실함이 있었기 때문에 과감하게 실거주 집을 팔고 부동산 투자를 시작했다. 그 수강생에게서 당시의 나와 같은 절실함을 봤다. 그래서 이렇게 말했다.

"가장 중요한 것은 확신이에요. 이번에는 자신을 한번 믿어보세요. 그 결정이 좋은 결과를 만들어내면 분명 스스로에 대한 확신이 더 강해질 거예요. 그러고 나면 그다음 단계는 더 자연스럽게 실행할 수 있어요."

얼마 전 그분한테서 연락이 왔다. 드디어 실행을 했다는 것이다. 실거주하던 집 근처에 대규모로 재개발을 진행하는 곳이 있다고 한다.

곧 지하철도 착공되고 인근이 모두 재개발되면 6,000세대의 단지가 들어서는 곳이란다. 그동안 수업 시간에 배운 원리를 가지고 자신이 사는 지역을 조사했더니 상당히 저평가되어 있는 것으로 판단됐고, 그래서 매수에 나섰다는 것이다. 가족이 걱정할까 봐 이야기를 못 했고 제일 먼저 나에게 소식을 전했다고 한다.

그분이 반대를 무릅쓰고 실행에 나설 수 있었던 것은 절실함이 있었기 때문이다. 절실함이 있으면 누구든 부동산 투자를 잘할 수 있다. 부동산에 투자해나갈 때는 생각지 못한 어려움에 맞닥뜨리게 되지만, 현재 상황에서 탈출하고 싶다는 절실함이 그 어려움을 어떻게든 이겨내게 해준다. 내가 바로 그 산증인이다. 부동산 투자로 수익을 내는 것이 더는 남의 이야기가 아니라 나의 이야기가 될 수 있다는 것을 꼭 알았으면 한다.

이 책의 구성

이 책은 원리와 사례 중심으로 구성했다. 특히 부동산 소액 투자를 기본으로 했다. 장별로는 내 집 마련과 투자를 구별했지만, 기본적으로는 집을 저렴하게 사는 방법을 알려주는 데 중점을 두었다. 반드시 실거주할 집을 사야 한다고 하더라도 '오를 만한 집'을 사는 게 기본이기 때문이다. 실거주용 집이라고 해도 투자자의 관점에서 매매하는 게 중요하다. 그래야 어떠한 시장 상황에서도 내 자산을 지키고 키워갈 수 있다.

제1장에서는 왜 부동산 투자가 필수인가에 대해서 나의 경험담을 중심으로 이야기했다. 이어 제2장에서는 투자에 나서기 전 어떻게 공부해야 할지를 다뤘다. 저마다 자신에게 맞는 방법이 있겠지만, 그간 내가 겪어온 일들을 사례로 삼아 노하우를 정리했다. 제3장에서는 부동산 투자에 돌입하기 전 반드시 짚고 넘어가야 하는 기초적인 정보를 제시했다. 제4장과 제5장에서는 실전으로 돌입해 내 집 마련과 투자로 각각 나눠 사례를 소개했다. 그리고 마지막 제6장에서는 15년간의 월급 생활자를 졸업하고 3년 만에 자본가로 다시 태어나면서 깨달은 것들을 담았다. 부동산 투자를 만나게 되면서 돈과 시간에 대한 기본적인 개념 자체가 바뀌고, 일상이 획기적으로 변하게 되었다. 나 역시 혹독한 초보 시절을 겪었기 때문에 어떤 지점에서 주저하는지, 무엇을 두려워하는지 잘 안다. 그렇지만 그 어려움을 이겨내고 계속해서 한 걸음씩 내디디면 자신이 꿈꾸는 삶에 다가갈 수 있다고 믿는다.

이 책에는 사례를 많이 실었는데, 부동산 투자에서는 사례를 많이 접하는 것이 중요하다. 원칙이 단순하기 때문에 다른 사람들이 어떻게 해서 성공했는지를 참고하여 나만의 방식과 기준을 다듬어가야 한다. 사례의 이해를 돕기 위해 그래프를 많이 실었다. 복잡해 보이지만 사실 너무나 단순한 것이니 지레 겁먹지 말기 바란다. 약간의 훈련을 하면 글로 된 설명을 읽는 것보다 그래프를 훑어보는 것이 한눈에 파악하는 데 훨씬 좋은 방법임을 알게 될 것이다. 이 책에 나오는 그래프는 크게 나눠 딱 세 가지다.

- 10년간 매매가격지수
- 수요 / 입주 물량
- 미분양 물량

　정말 간단하지 않은가? 이 그래프들을 부동산 앱에서 찾은 후, 보기 쉽게 줄 세우기만 하면 끝이다.

　이 책 한 권으로 투자하는 족족 성공한다고 보장할 수는 없지만, 내가 초보 투자자 시절 좌충우돌하면서 겪었던 실패의 경험을 대폭 줄여 주리라는 것만은 약속한다. 이제 두려워하지 말고 자신감을 가지고 부동산의 세계로 들어가 보자.

차례

추천의 글 1 누구나 부동산 투자로 진짜 인생을 살 수 있다(렘군) • 5

추천의 글 2 그래서 부동산은 사람이다(제네시스박) • 7

프롤로그 어떻게 2년 안에 돈을 벌 수 있는가 • 10

서문 부동산 공부만큼 평등한 것도 없다 • 15

　타고난 재능을 요구하지 않는 유일한 영역 • 16 | 이 책의 구성 • 18

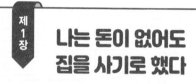

제 1 장

나는 돈이 없어도 집을 사기로 했다

하늘 아래 내 집은 없는 걸까 • 29

　전세를 계속 전전했던 이유 • 30 | 만약 우리가 2년 전에 집을 샀다면 • 33

나만 몰랐던 레버리지의 비밀 • 35

　절약은 기본, 레버리지는 필수 • 36 | 자산을 불려주는 최고의 열쇠 • 41

언제까지 월급만 바라보며 살 건가 • 44

　특별한 사람만 투자하는 건 아니야 • 45 | 생각을 바꾸니 돈이 보였다 • 46

딱 2년 만 부동산 투자에 미쳐보기 • 51

　지금처럼 살지 않기 위해 • 52

제 2 장 이제부터 부동산 공부를 시작해볼까

집에 대한 정의를 다시 쓰다 · 59
내 집 마련과 투자를 분리하라 · 60

모든 것은 자본 재배치의 과정이다 · 63
돈 쓰는 습관부터 바꾸자 · 64 | 라떼 효과 제대로 활용하기 · 65 | 어디에 돈을 쓸 것인가 · 67

부동산 공부, 멘토가 가장 중요하다 · 71
제대로 된 유튜브 채널 고르는 기준 · 72 | 넷플릭스 대신 유튜브 라이브를 보다 · 73

아침에 일어나서 확인하는 숫자들 · 78
매일 전국의 흐름을 살펴보다 · 80

어떻게 경제 기사를 읽을 것인가 · 82
상황을 객관적으로 보는 기술 · 83 | 왜 GTX-C 얘기만 나오면 가격이 들썩일까 · 85

나는 주말 여행 대신 가족 임장 간다 · 89
임장을 하는 두 가지 방법 · 90 | 모르는 동네 파악하는 놀이터 줍줍 · 92 | 소장님도 깜짝 놀라는 정보력 · 94

제 3 장 2년 안에 무조건 돈 버는 부동산 투자의 원리

서울이 너무 비싸서 집을 못 사는 당신에게 · 99
투자금이 적다면 지도를 펼쳐라 · 101

2년 안에 무조건 오를 지역의 특징 4 · 105
특징 1. 매매가격지수가 반등한다 · 106 | 특징 2. 미분양이 줄어든다 · 109 | 특징 3. 입주 물량이 급락한다 · 112 | 특징 4. 청약 경쟁률이 치열해진다 · 116

2년 안에 무조건 오를 아파트의 특징 5 · 122
특징 1. 중학교 학군이 핵심이다 · 124 | 특징 2. 상권이 밀집되어 있다 · 127 | 특징 3.

직주근접이 가능하다 • 129 | 특징 4. 주변에 공원이 있다 • 132 | 특징 5. 확정된 호재
가 있다 • 133

부동산 차트 분석, 이렇게 쉬웠어?: 저평가 지역 찾기 • 139
지역별 랜드마크 아파트를 찾아보자 • 140 | 저평가 대도시 분석하기 • 143 | 저평가 소
도시 분석하기 • 145 | 저평가 경기도 도시 분석하기 • 147

부동산 차트 분석, 이렇게 쉬웠어?: 저평가 아파트 찾기 • 148
창원의 저평가 지역 • 149 | 창원의 저평가 아파트 • 155

사이클을 알면 절대 실패할 수 없다 • 158
사이클 진행 예시: 안산, 부산, 대전, 대구 • 159

세금 폭탄도 알아야 대비할 수 있다 • 166
매수할 땐 취득세 • 167 | 보유할 땐 보유세 • 169 | 매도할 땐 양도소득세 • 170

실전 사례 **3,000만 원으로 1억 만들기 1. 저평가된 지역을 찾아보자 • 173**
전북 소도시의 10년간 흐름 • 175 | 군산의 미분양, 입주 물량, 청약 경쟁률 • 176

실전 사례 **3,000만 원으로 1억 만들기 2. 저평가된 아파트를 찾아보자 • 179**
투자 수익률 계산법 • 181

실전 사례 **3,000만 원으로 1억 만들기 3. 저평가된 아파트를 매수해보자 • 184**
원하는 매물 정보 얻는 꿀팁 • 185 | 부동산 중개소 문 열기 100미터 전 • 186 | 편견에
굴복하지 마라 • 188

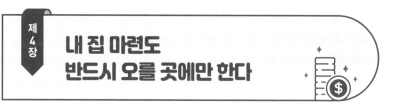

제 4 장 내 집 마련도 반드시 오를 곳에만 한다

내 집 마련의 1원칙, 반드시 급매를 잡아라 • 195
급매라면 저층이어도 좋다 • 197 | 용감한 사람이 결국 이긴다 • 200

아파트 매수 전 체크해야 할 디테일 • 206
사전 조사는 치밀하게 • 207 | 계약서, 작성하면 끝이다 • 213

부동산 소장님과 티타임 • 214
미리 공부해왔다는 걸 알리자 • 215 | 부동산에서 1시간 잡담하기 • 216 | 진짜 정보는
현장에 있다 • 217

영끌, 어디까지 허용될까 · 220
영끌의 정의는 저마다 다르다 · 221 | 요즘 대출은 전문가의 영역 · 223

매수보다 매도 전략이 중요하다 · 225
놓쳐버린 기회 · 226 | 절실했던 매도 분투기 · 227 | 이사를 자주 하면 돈 번다 · 229

내 아이가 갈 학교, 학군은 필수 · 230
학군이 집값에 미치는 영향 · 231 | 초등학교 학군도 중요하다 · 232

제
5
장
3,000만 원으로 시작하는
부동산 투자 패턴 6

패턴 1. 입주장 분양권 새 아파트를 가장 저렴하게 사는 비결 · 239
저렴한 분양권을 찾다 · 241 | 두 번의 매수 타이밍 · 246 | 입주장에서 전세 맞추기 · 247

패턴 2. 미분양 분양권 잘 고른 미분양 분양권이 큰돈 된다 · 249
미분양 났던 천안, 지금 얼마? · 249 | 세금은 줄이고 수익은 키우는 비법 · 253

패턴 3. 전세를 이용한 투자 투자금은 줄이고 수익률은 높이다 · 255
강원도 원주의 사례 · 256 | 세입자와의 치밀한 공생 관계 · 258

패턴 4. 저평가 신축 아파트 과거 공급이 많았던 수도권 지역을 찾아라 · 260
평택 신축 아파트 매수 사례 · 261 | 원리를 아는 사람은 겁을 내지 않는다 · 266

패턴 5. 저평가 구축 아파트 대체할 수 없는 구축 아파트를 찾아라 · 268
구축은 첫째도 입지, 둘째도 입지다 · 269 | 가격 방어가 우선이다 · 272

패턴 6. 지식산업센터 월세수익과 시세차익을 동시에 잡는다 · 277
왜 지식산업센터에 투자하는가 · 278 | 지식산업센터 투자, 똑똑하게 하기 · 280 | 좋은 물건은 무엇일까 · 283 | 나는 이렇게 서울 지식산업센터에 진출했다 · 284 | 지식산업센터 투자, 이것만은 꼭 주의하자 · 285

나에게 맞는 부동산 투자법 찾기 · 288
경매와 공매를 경험해보다 · 289 | 이왕이면 쉬운 길로 가자 · 292

제6장 꼬마 자본가가 되고 나니 알게 된 것들

나만의 투자 기준 세우는 법 · 297
계속 '왜'라고 묻자 · 298

퇴사 전에 반드시 해야 할 일 · 301
한 줄이라도 쓴다 · 302 | 나를 설명하는 다양한 수식어 만들기 · 303

투여 시간 대비 수익률이 중요하다 · 305
공부에는 끝이 없다 · 306 | 고생은 적고 여유는 많다 · 307

돈의 노예가 되지 않기로 하다 · 310
얼마를 벌어야 자유로울 수 있을까 · 311 | 나니까 할 수 있어 · 315

에필로그 부자를 따라 했더니 나도 부자가 되어 있었다 · 317

제1장

나는 돈이 없어도
집을 사기로 했다

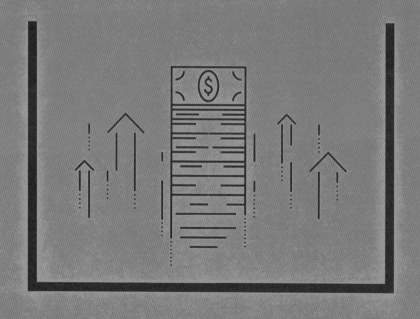

하늘 아래
내 집은 없는 걸까

어릴 때부터 집은 내게 선망의 대상이었다. 시골에서 태어나 산 아래 낡은 집에서 다섯 살까지 살았다. 가난했지만, 뒤로 산이 있고 울타리 옆에는 복숭아나무가 있던 그 집이 참 좋았다. 부모님께는 결혼할 때부터 빚이 있었다. 아버지께서 월급을 받아 오시면 빚부터 갚고 나머지 돈으로 생활해야 했기 때문에 우리 가족은 늘 가난했다.

그러다가 아버지께서 직장을 도시로 옮기시면서 이사를 하게 됐다. 하지만 돈이 없어 우리 다섯 식구에 사촌 언니까지 여섯 명은 월세방을 전전해야 했다. 아이가 많다 보니 방을 구하기도 쉽지 않았다. 집주인에게 번번이 퇴짜를 맞던 중 엄마가 남동생만 데리고 아이가 하나라고 속이고 월세방을 계약하는 데 성공했다. 결국 그 집에서도 오래 살지 못하고 쫓겨났다. 그렇게 우리 가족은 이사를 수도 없이 다녀야 했고 집 없는 설움을 겪어야 했다. 어린 나이였지만 '이사 다니지 않고 편하게 살 수 있는 내 집이 있다면 얼마나 좋을까?'라는 생각을 했다. 남의 눈치 보지 않고 오롯이 우리 가족이 살 수 있는 집, 그런 집을 꼭 갖고야 말겠다고 마음먹었다.

전세를 계속 전전했던 이유

결혼을 하면 내 집 하나는 마련할 수 있을 거라고 생각했다. 하지만 스물네 살 때부터 직장 생활을 했는데 결혼할 때까지 3년 동안 모은 돈은 3,000만 원 정도였고, 그 돈이 모두 결혼 비용으로 들어갔다. 그때는 대출을 받아서 집을 산다는 건 상상도 못 했다. 게다가 당시 대구는 '미분양의 무덤'이라 불리던 시기였다. 다들 겁이 나서 집을 사지 못했다.

수중에 집을 살 돈도 없었고 집을 사는 것도 무서워했기 때문에 우리는 공장지대 바로 옆 낡은 아파트에서 전세로 신혼 생활을 시작했다. 오래된 집이라 난방도 제대로 되지 않았다. 겨울에는 보일러를 온종일 돌려도 냉기가 가시지 않아 솜이불을 둘둘 말고 견뎌야 했다. 그런데 이상하게도 난방비는 매달 50만 원 가까이 나왔다. 당시 우리 부부의 월급을 합치면 300만 원이 겨우 넘었는데, 매달 난방비로만 50만 원씩 지출되니 상당히 부담이 됐다.

그러다가 첫째 아이를 가졌다. 임신하고 난 뒤 매일 이런 생각이 들었다.

'우리 아이가 매일 아침 저 공장들을 본다면 과연 행복할까?'

그건 정말 내가 원하는 모습이 아니었다. 그때부터 아이를 좀 더 안전하고 쾌적한 곳에서 키우고 싶다는 욕심이 생기기 시작했다. 남편을 겨우 설득해서 예전에 친정 부모님과 함께 살았던 아파트에 전세를 구해서 들어갔다. 우리가 맞벌이라 아이를 돌봐줄 사람이 필요했기 때문이다. 결혼 전까지 계속 살았던 곳이어서 그 익숙함이 좋기도 했다.

이번에도 집을 사지 않고 전세로 들어간 가장 큰 이유는 돈이 없었기 때문이다. 집을 담보로 대출을 받는다는 것은 상상도 못 할 일이었다. 그때까지도 대출은 너무 무섭고 두려운 존재였다. 돈이 없으면 당연히 전세를 살아야 한다고 생각했다. 처음에는 좋았다. 직전에 살던 곳에 비하면 정말 쾌적했고 지역난방이라서 난방비도 적게 들었다. 아파트 바로 옆에 산책로가 있어서 유모차에 아이를 태우고 산책을 하기에도 좋았다. 내 집은 아니었지만 그 집에서 아주 오랫동안 살 수 있으리라고 생각했다.

하지만 머지않아 그게 큰 착각이었다는 걸 알게 됐다. 전세 2년 만기가 되어갈 무렵 집주인이 남편에게 전화를 했다.

"갑자기 집을 팔게 됐으니 최대한 빨리 비워주셔야겠어요."

정말 예상치 못한 일이었다. 머릿속이 복잡해지기 시작했다.

'우리는 어디로 가야 하는 걸까?'

이제 막 기어 다니기 시작한 첫째를 안고 너무나 막막해서 어찌해야 할지를 몰랐다. 얼마 후 더 가관인 일이 일어났다. 집주인은 나와 나이가 비슷한 30대였다. 그런데 어느 날 예고도 없이 찾아와 벨을 눌렀다. 그러고는 자기 엄마와 함께 집에 들어와 흠집이 난 건 없는지 하나씩 체크하면서 사진을 찍기 시작했다. 정말 화가 났지만 그 사람들이 하는 짓을 바보처럼 멍하니 바라볼 수밖에 없었다. 같은 나이대인데도 마치 내가 아랫사람이라도 되는 양 무례하게 구는 걸 제지할 수가 없었다. 그날 정말 아이를 안고 펑펑 울었다. 집이 없다는 것이 얼마나 서러운지 제대로 알게 된 하루였다.

며칠이 지난 어느 날 퇴근을 하고 집에서 쉬고 있는데 친정엄마한테 전화가 왔다.

"이제 애도 있는데 도대체 언제까지 전세만 살래? 대출을 받아서라도 집을 사는 게 어떠니?"

엄마 말씀을 듣고 나니 그동안 전세만 고집한 것이 너무 어리석은 짓이었다는 생각이 들었다. 전세가에 6,000만 원 정도만 더 있으면 집을 살 수 있었고, 맞벌이를 했기 때문에 그 정도의 대출은 충분히 갚을 수 있었다.

어린 시절을 되돌아보면 엄마는 어떻게든 내 집을 마련하기 위해 늘 방법을 찾으셨다. 그리고 마침내 절대 집을 사지 않겠다는 아버지의 반대를 무릅쓰고 오래된 5층짜리 아파트의 맨 꼭대기 층 집을 사셨다. 아버지는 그런 곳에는 가지 않겠다고 버티셨지만 엄마는 어떻게든지 내 집은 있어야 한다며 이사를 강행하셨다. 그 낡은 아파트에서 거의 10년을 살았다. 바퀴벌레가 온 집을 날아다니고 쥐덫에 걸려 죽은 쥐들이 발견되기 일쑤였지만 정말 소중한 첫 집이었다. 식구가 많다고 눈치 주는 집주인이 이제 더는 없었다. 내 집이 주는 포근함이 무엇인지를 그곳에서 분명히 알게 됐다.

만약 우리가 2년 전에 집을 샀다면

엄마 말씀을 듣고 내 집을 마련하기로 마음먹었다. 그때는 직장 생활을 했기 때문에 퇴근 후에 매물로 나온 집을 보러 다녔다. 다행히 같은 아파트 단지여서 집을 보는 건 쉬웠지만, 당시 우리가 살던 지역의 부동산 분위기가 회복되고 있어서 집값이 올라가고 있었다. 그때 처음으로 '왜 진작 집을 사지 않았을까?' 하고 후회했다. 2년 전에 전세로 들어오지 않고 매수를 했다면 1억 7,000만 원 정도면 충분했다. 하지만 지금 사려고 하니 거의 8,000만 원이 오른 2억 5,000만 원에 달했다.

우리 수중에는 전세보증금과 그동안 모은 돈을 합쳐 1억 7,000만 원 정도가 있었다. 우리는 어떻게든 급매를 알아보려고 했다. 다행히 다른 곳에 분양을 받아 입주를 해야 하는 집에서 급매로 내놓은 것이 있었다. 매도자와 계속 협상해서 가격을 2억 3,000만 원 정도까지 낮췄다.

잔금을 치르기 위해 계약 당사자들이 부동산 중개소에 모인 날 그 진상 집주인의 행패가 아직도 잊히지 않는다. 사무실에 모이기 전, 집주인은 우리가 짐을 빼자 휴대전화로 집 안 구석구석을 뒤지며 작은 흠이라도 있으면 사진을 찍어댔다. 그 사진을 우리에게 보여주며 배상을 해달라는 것이다. 사진을 보니 문틀이 살짝 긁힌 정도였다. 그 순간 그동안 참았던 화가 폭발했고, 사람들이 모두 쳐다보는 것도 아랑곳없이 정말 서럽게 울었다. 내 집 없는 설움이 얼마나 큰지를 그 일을 통해 절실히 느꼈다. 그리고 다시는 남의 집을 빌려 살지 않겠다고 결심했다.

나만 몰랐던
레버리지의 비밀

나에게 대출은 무섭고 두려운 존재였다. 어릴 때부터 부모님은 돈을 아껴서 적금을 해야 한다고 말씀하셨다. 그래서 돈이 생기면 은행에 들러 적금을 넣는 것을 당연하게 생각했다. 돼지저금통에 동전을 모아서 속이 꽉 차면 은행에 가서 적금을 했다. 어른이 되어서도 누군가에게 돈을 빌리는 것이 이해되지 않았다. 친구에게도 1만 원 한 장 빌려본 적이 없고, 신용카드를 쓰지 않고 체크카드를 썼다. 지금 돈을 빌려서 쓰고 나중에 갚는다는 것이 이해되지 않았다.

하지만 전셋집에서 거의 쫓겨나다시피 나오게 됐을 때 결정을 해야했다. 다시 전세를 살 것인지, 대출을 받아서 첫 집을 마련할 것인지.

대출에 부정적인 건 남편도 마찬가지였다. 시부모님 역시 대출을 받는 것을 반기지 않았다. 특히 당시는 지금처럼 대출금리가 높아지고 있었고, 대출 규제가 있는 시점이었다. 아무리 우대금리를 받는다고 해도 4퍼센트가 넘었고, 그래서 다들 대출을 꺼리는 분위기였다. 하지만 몇 천만 원이라도 대출을 받지 않으면 집을 살 수가 없었다.

그러나 대출에 대한 두려움은 레버리지의 비밀을 몰라서 생겨난 것이었다. 레버리지는 수익을 키우기 위해 부채를 끌어다가 자산 매입에 나서는 투자 전략을 뜻하는데, 이는 엄청난 힘을 가지고 있었다. 특히 부동산에서 레버리지는 필수라고 할 수 있다. 단순히 돈을 빌려 집을 사는 데 그치는 게 아니라 이를 지렛대 삼아서 또 다른 부를 창출할 수 있는 도구이기 때문이다. 당시의 나는 이런 사실을 까맣게 모르고 있었고, 아무도 나에게 '대출은 필요한 것'이라는 이야기를 해주지 않았다. 미리 알았더라면 약 5년은 더 일찍 경제적 자유를 이룰 수 있었을 것이다.

절약은 기본, 레버리지는 필수

'만약 대출을 받지 않는다면 도대체 언제쯤 내 집 마련을 할 수 있을까?'

집을 사기 위해서는 기존에 있던 전세보증금에 6,000만 원이 더 필요했다. 이 돈을 어떻게 마련할 수 있을까?

대출을 받지 않을 경우

매달 100만 원씩 적금 × 60개월 = 6,000만 원 → 5년 소요

대출을 받을 경우

매달 이자 지불 → 당장 내 집 마련, 시세차익 가능

적금을 부어 6,000만 원을 만들려면 매달 100만 원씩 5년이 걸리고, 대출을 받는다면 매달 은행에 이자를 내야 하지만 당장 내 집을 마련할 수 있고 시세차익을 볼 가능성도 있다. 다시 전세를 살면서 돈을 더 모아 나중에 집을 살지, 지금 대출을 받아서 집을 살지 결정해야 했다.

며칠을 고민한 후 남편에게 대출을 받아 집을 사자고 이야기했다. 사실 남편은 이번에도 전세를 살았으면 했는데, 대출을 받아서라도 집을 사자고 하니 적지 않게 놀란 것 같았다. 남편에게 우리 둘이 열심히 돈을 벌어서 5년 만에 대출금을 갚아버리자고 했다.

대출을 받기 위해 직장 내에 있는 은행을 방문했다. 난생처음 주택담보대출을 받기 위해 상담을 했다. 대출에 워낙 무지했기 때문에 담당자의 설명을 잘 알아듣지 못했지만, 어쨌든 대출을 알아보면서 살 집도 부지런히 찾아봤다. 당시 우리가 살던 지역은 미분양이 해소되고 집값이 조금씩 상승하는 분위기였다. 사려고 알아보던 아파트는 얼마 전까지만 해도 매매 가격이 분양가보다 낮았었다. 지금은 다시 올라

그 전 금액에는 절대 살 수가 없었다. 조금만 서둘렀다면 더 싸게 살 수 있었으리라는 생각에 안타까운 마음이 들었다.

다행히 급매물이 있었다. 사정을 들어보니 매도자는 이미 다른 곳에 분양을 받아놓은 상태였다. 할인분양을 받았는데 그곳의 입주일이 다 되어서 하루빨리 이 집을 팔고 들어가야 하는 상황이었다. 하나밖에 없는 급매였기 때문에 우리에겐 선택의 여지가 없었다. 다른 매물은 이 집보다 2,000~3,000만 원 이상 비싸게 나와 있었다. 퇴근 후 남편과 함께 그 집을 보러 갔다. 옵션은 하나도 되어 있지 않았지만, 맞벌이를 하고 아들 하나 있던 집이라서 정말 새집처럼 깨끗했다. 그 집을 사기로 최종 결정을 했다.

그렇게 난생처음으로 6,000만 원의 대출을 받아 내 집을 마련했다. 어쩔 수 없이 대출을 받았지만 최대한 빨리 대출금을 갚아야 한다고 생각했다. 대출을 실행할 때 원리금균등상환 방식에 기간을 5년으로 잡았다. 당시 대출이자율이 4퍼센트 정도였기 때문에 매달 원금과 이자를 합쳐서 거의 150만 원씩 갚아나가야 했다. 매달 고정적으로 150만 원을 갚는 건 만만한 일이 아니었다. 기본적으로 아이에게 꼭 필요한 기저귀, 내복, 젖병, 이유식 재료 등만 해도 돈이 꽤 들어갔다. '아기용'이라고 적힌 건 다 비싼 것 같았다. 처음에는 기저귓값을 아껴보겠다고 천 기저귀를 써봤는데 하루 써보고 포기했다. 아기들은 용변을 수시로 보기 때문에 하루에 써야 할 천 기저귀의 양이 어마어마해서다.

매달 가장 괴로운 날은 대출금이 빠져나가는 날이었다. 다달이 대출금 통장을 찍어보면서 도대체 언제 만기가 될지를 생각했다. 그날이 오기는 할까 싶었다. 매일 아이를 떼어놓고 남편과 함께 열심히 일했지만 월급의 반 이상을 대출금을 갚는 데 써야 했고, 아이를 봐주시는 어른들께도 용돈을 드려야 했다. 그렇게 계산해보면 남편 혼자 버는 외벌이나 다름이 없었다. 맞벌이를 했지만 늘 돈에 쪼들렸다. 그리고 대출이 점점 더 싫어졌다.

그런데 대출, 즉 레버리지를 제대로 활용할 줄 몰랐다는 걸 친구들을 통해서 알게 됐다. 신혼 첫 집을 전세로 시작했던 나와 달리, 친구들은 낡은 소형 아파트를 사서 신혼 생활을 시작했다. 알고 보니 신혼 집을 마련할 때 돈이 부족해서 대출을 받았다고 한다. 당시 나도 전세 보증금에 조금만 보태면 친구들이 샀던 아파트를 살 수 있었는데 그럴 생각을 해보지 못했다.

그러다가 대출에 대해 다시 생각하게 된 결정적인 계기를 만났다. 대구의 분위기가 점점 좋아지면서 대출을 받아 겨우 마련한 첫 집의 가격이 오르기 시작한 것이다. 매수한 가격이 2억 3,000만 원 정도였는데 3억 8,000만 원까지 올랐다. 그런데도 집값이 올라서 좋다고만 생각했지, 이 집을 팔아서 더 좋은 집으로 갈아타야겠다는 생각은 전혀 하지 않았다. 가장 큰 이유는 아직도 대출이 남아 있었기 때문이다. 그래서 대출만기 때까지 이사를 가면 안 된다고 생각했다. 그러다 보니 그 집에 7년 동안 눌러앉게 됐다. 집값이 3억 8,000만 원까지 올랐지만, 그때가 고점이었다. 이후부터 가격이 계속 하락했다.

어쨌든 처음으로 내 집에 살다 보니 그곳이 정말 살기 좋다고 생각했다. 하지만 친구 중에 부동산에 일찍 눈뜬 한 친구가 이런 말을 했다.

"이 집은 입지가 너무 어정쩡해. 그러니까 최대한 빨리 팔고 더 좋은 신축 아파트로 갈아타."

우리는 이 집에 정말 만족하고 있었고, 아직 대출이 남아 있는 상황이라서 이사할 생각이 전혀 없었다. 하지만 친구는 만날 때마다 이사를 하라고 했다. 이 친구는 낡은 소형 아파트에서 신혼을 시작한 다른 친구들에게도 같은 말을 했다.

처음에는 친구 이야기를 듣고 새집을 사려 했다. 하지만 집을 내놓아도 보러 오는 사람이 없었다. 우리가 사는 아파트도 점점 구축이 되어갔다. 이 아파트의 가장 큰 단점은 상권과 학군이었다. 단지 내 상가 5개가 전부였고, 초등학교는 단지 바로 앞에 있었지만 중·고등학교가 너무 멀리 떨어져 있었다. 그래서 여기 들어온 사람들은 이사를 오자마자 '언제 빠져나갈까?'를 생각한다고 했다. 집이 팔리지 않자 매물을 거둬들였다. 얼마 후 다시 집을 내놓았는데도 집을 보러 오지 않자 그냥 이 집에서 평생 살아야겠다고 생각했다. 그러는 와중에도 집값은 계속 떨어지기만 했다.

하지만 친구들은 달랐다. 조언을 해준 친구의 말에 따라 기존 집을 싸게 팔고 모두 새 아파트로 갈아탔다. 한 친구는 이제 막 입주를 시작하던 대단지 브랜드 아파트의 분양권을 샀다. 그 아파트를 사기 위해 2억의 대출을 받았다고 했다. 다른 친구 역시 입지 좋은 새 아파트로 갈아타면서 비슷하게 대출을 받았다고 했다.

친구들이 이사한 아파트들은 계속 상승하더니 1년 정도가 지나자 거의 대출금만큼인 2억씩 올랐다. 하지만 내가 사는 아파트는 매매 가격이 계속 떨어지고 있었다. 이제는 대출 2억을 받아도 친구들이 사는 아파트로 들어갈 수 없는 상태가 됐다. 출발점은 비슷했지만 친구들과 나의 자산 차이는 그렇게 따라잡을 수 없을 만큼 벌어지고 있었다.

그때부터는 친구들을 만나는 게 너무 괴로웠다. 변두리에 있는 아파트 하나가 전부였는데, 친구들의 집값은 계속 오르는 반면 우리 집의 가격은 계속 떨어지니 인생에 실패한 듯한 기분마저 들었다. '왜 그렇게 대출을 무서워했던 걸까?'라는 후회가 밀려왔다.

그때부터 대출을 다른 시각으로 바라보게 됐다. 대출이라는 것은 두려운 존재가 아니라 감당할 수 있을 만큼 받으면 자산을 불려주는 좋은 친구라는 생각이 들었다. 대출을 받지 않았다면 첫 집도 마련할 수 없었을 것이다. 대출에 대한 생각이 바뀌면서 부동산 투자도 더 적극적으로 생각하게 됐다.

자산을 불려주는 최고의 열쇠

주변을 보면 지금도 대출을 두려워하는 사람들이 정말 많다. 집을 사려면 무조건 돈을 모아야만 하는 줄 안다. 그런데 집값이 과연 그때

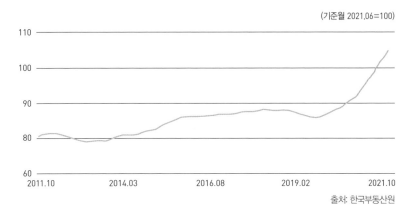

〈그림 1-1〉 10년간의 전국 아파트 매매가격지수

(기준월 2021.06=100)

출처: 한국부동산원

까지 그대로 있을까? 집이라는 것 역시 물건이기 때문에 물가가 상승하면 오를 수밖에 없다. 반대로 화폐의 가치는 떨어진다. 10년 전 짜장면 가격은 3,000원이었다. 지금은 6,000원이다. 10년 새에 2배가 올랐다. 부동산도 10년간의 흐름을 보면 우상향한다는 걸 알 수 있다(그림 1-1).

　그렇게 단순하게만 생각해도 돈을 모아서 집을 산다는 것은 거의 불가능에 가깝다는 걸 알 수 있다. 이제는 대출이 해를 주는 두려운 존재가 아니라 거인의 어깨에 올라타서 세상을 살아갈 수 있게 해주는 고마운 존재라고 생각해보면 어떨까?

대출 규제 시대의 투자 전략

이제 당신은 대출을 받아서라도 집을 사겠다고 결심을 굳혔을 것이다. 그런데 2021년 하반기부터 내년 초까지 금융당국 가계부채 총량 규제 정책으로 신용대출, 전세대출, 심지어 주택담보대출까지 규제를 받고 있다. 최근 금리도 함께 높아지는 추세여서 이런 때일수록 신중히 대출을 받아야 한다. 그렇다면 투자 전략을 어떻게 세워야 할까?

방법 1. 무주택 실수요자라면 주택담보대출을 활용하라

무주택 실수요자라면 주택담보대출을 활용할 수 있다. 현재 몇 군데 시중은행은 이마저 규제를 한 곳도 있지만, 정부의 규제 정책은 다주택 투자자들을 향해 있기에 무주택 실수요자에게는 여전히 대출의 기회가 열려 있다. 주택담보대출의 경우 최대 KB시세 기준 매매가의 70퍼센트 대출이 가능하다 (비조정지역). 어느 은행이 가장 좋은 조건에 대출을 해주는지 자세히 알아보고 이때는 전문 대출 상담사의 도움을 받는 것이 좋다.

방법 2. 투자자(1주택 이상)라면 비조정지역에 집중하라

조정지역 아파트 같은 경우는 집값이 기본적으로 비싸 대출을 많이 받아야 한다. 그래서 요즘 같이 금리 인상이 예측되는 때는 가계에 큰 부담이 될 수 있다. 차선책으로 매가가 적은 비조정지역 아파트 중에 오를 만한 알짜를 골라내어 전세를 끼고 매매한다. 비조정지역의 경우 '2년 실거주 요건'도 없고 양도세 부담도 적어 투자하기 용이하다. 이 방법은 앞으로 이 책 전반에 걸쳐 자세히 알아보도록 하겠다.

언제까지
월급만 바라보며 살 건가

한번은 놀이터에서 아이들과 함께 놀다가 같은 아파트에 사는 주부를 만났다. 길 건너에 새로 입주가 시작된 브랜드 아파트가 있는데, 그곳에 사는 친구를 만나러 갔다가 이런 말을 들었다고 한다.

"넌 언제까지 그렇게 섬 같은 아파트에서 살 거니?"

섬 같은 아파트라니! 그 친구 눈에는 인프라도 부족하고 주변에 이용할 만한 편의시설도 없이 혼자 덩그러니 지어진 이곳이 섬처럼 보였던 거다. 그 얘길 전해 듣고 가슴이 먹먹해졌다. 집 없는 설움을 겨우 면했는데, 집을 가지고 있으면서도 서러울 수 있다는 걸 처음으로 느꼈다. 우리 아이들이 이런 이야기를 듣게 되는 게 싫었다.

특별한 사람만 투자하는 건 아니야

그날 이후 변화가 필요하다는 생각이 머릿속을 떠나지 않았다. 처음으로 월급이 전부가 아니라는 생각이 들었다. 예전에는 돈을 벌 방법이 열심히 일해서 월급을 받는 것뿐이라고 생각했다. 그래서 아무리 힘든 일이 있어도 월급만 생각하며 15년이라는 시간을 버티고 버텼다. 하지만 월급만으로는 원하는 삶을 살 수 없다는 걸 확실히 알게 됐다.

그때부터 월급만 바라보지 않고 돈을 벌 방법을 고심하기 시작했다. 육아휴직 중이어서 초등학교에 입학한 첫째와 유치원에 다니는 둘째를 보내고 나면 오전 시간을 혼자 쓸 수 있었다. 그 시간에 나는 누구이고, 어떻게 돈을 벌 수 있는지를 생각해보기 시작했다. 그동안은 워킹맘으로 쫓기며 살다 보니 나 자신에 대해 생각해볼 틈이 없었다. 그리고 직장에서는 누군가가 시키는 일을 해야 했다. 의견을 내봤자 직장 상사들은 좋아하지 않았기 때문에 항상 시키는 대로만 했다. 친구들을 만날 때도 의견을 내기보다 상대방의 의견에 맞추는 게 습관이 됐다. 그렇게 계속 살다 보니 마음 안에 무언가 해결되지 못한 응어리가 자라고 있다는 걸 한참 뒤에야 알게 됐다.

돈만 생각하면 한숨이 나왔다. 자유로운 삶이 너무 좋은데 그걸 오래 유지하기 위해서는 월급 말고 다른 수입원이 필요했다. 본격적으로 방법을 찾던 중 나만 보면 새 아파트로 이사하라고 조언해주던 십년지기 친구가 떠올랐다. 그 친구는 나보다 더 어려운 상황에서 신혼 생활

을 시작했다. 시댁, 친정에서 아무것도 지원받지 못하고 말 그대로 '0'
에서 시작했다. 어떡해서든 종잣돈을 마련하기 위해 허리띠를 졸라매
며 살더니 결국 1억을 만들어냈다. 그 돈으로 부동산 투자를 시작했다.

처음부터 성공한 것은 아니다. 머지않아 내가 그런 것처럼, 친구 역
시 부동산 공부를 제대로 하지 않고 실행부터 했다. 자신이 사는 곳 인
근에서 제일 좋아 보이는 아파트를 샀다. 하지만 그 아파트는 가격이
생각만큼 올라주지 않았고 잘 팔리지도 않았다. 인테리어까지 해서 겨
우 그 아파트를 매도했다. 하지만 포기하지 않고 계속 투자해서 자산
을 늘려갔다.

그 친구도 직장을 쉬고 있었기에 우리는 거의 매일 만났다. 부동산
투자에 한창 관심이 있던 때라 만나기만 하면 부동산 이야기로 꽃을
피웠다. 완전히 딴 세상 이야기 같았지만 시간이 갈수록 부동산의 매
력에 빠져들게 됐다. 친구의 경험담을 들을 땐 대단하다는 생각이 들
었지만, 선뜻 도전해볼 용기는 생기지 않았다. 부동산 투자는 특별한
사람들만 할 수 있는 일이라는 생각을 지우지 못했다.

생각을 바꾸니 돈이 보였다

평소에 오디오북을 자주 듣는다. 오디오북은 집안일을 하면서도 언
제든 이어폰을 꽂고 들을 수 있으니 이보다 좋을 수 없다. 육아휴직을

하고부터는 부동산 관련 오디오북을 자주 들었다. 어느 날 로버트 기요사키의 《부자 아빠 가난한 아빠》를 듣게 됐다. 단순히 시간을 때우기 위해 들은 건데, 망치로 머리를 한 대 얻어맞은 느낌이었다. 저자는 자산에 투자해야 하고, 그곳에서 수익이 들어오는 삶을 살아야 한다고 강조했다. 일을 해서 돈을 버는 방법밖에 모르던 나에게는 정말 충격 그 자체였다.

그 책에는 저자의 진짜 아빠와 친구의 아빠인 부자 아빠가 등장한다. 진짜 아빠는 성실하고 열심히 살지만 월급이 전부라고 생각하는 사람이고, 친구의 아빠는 레버리지를 이용해서 자산에 투자하는 사람이다. 종이책으로도 읽고 싶어서 바로 구입했고, 밤을 새워서 다 읽어버렸다. 읽을수록 더는 미루지 말고 부동산 투자를 해야겠다는 결심이 섰다. 하지만 어디서부터 어떻게 해야 할지 너무 막연하기만 했다.

가장 먼저 생각을 바꾸는 것에 집중했다. 생각을 바꾸는 데에는 책이 정말 도움이 되었다. 부동산 분야는 아니지만 기존의 생각을 바꾸는 데 큰 영향을 준 책이 한 권 더 있다. 바로 파울로 코엘료의 《연금술사》다. 처음에 이 책을 읽었을 때는 '양치기인 주인공이 자아실현을 하는 이야기구나'라며 단순하게 생각했다. 하지만 반복해서 읽을수록 전에는 보이지 않던 것들이 보이기 시작했다. 바로 양들의 모습이다. 양들은 양치기가 주는 물과 먹이에 만족하며 양치기가 이끄는 대로 산다. 하지만 결국에는 자신의 고기까지 내놓게 된다.

그런 양의 모습이 매달 월급만 바라보고 사는 직장인의 모습과 별반 다르지 않다는 생각이 들었다. 우리는 매달 딱 먹고살 만큼의 월급을 받는다. 월급의 강력한 힘은 매달 고정적으로 일정 금액이 통장으로 들어오기에 심리적으로 안정감을 느끼게 된다는 것이다. 하지만 반대로 생각하면, 그것이 사람을 나태하게 한다는 걸 알 수 있다. 내가 아무리 열심히 일해도 근무 시간에 제대로 일하지 않는 동료와 똑같은 월급을 받게 된다. 그런 일이 계속되면 더는 열심히 일하고 싶지 않을 것이다. 아무리 열심히 해봤자 받는 월급은 똑같으니 말이다.

그리고 월급을 받으면 한 달 동안 직장에서 열심히 일한 것에 대한 보상을 받고 싶어진다. 월급날이 되면 그동안 사고 싶었던 것들을 사고, 먹고 싶었던 것을 마음껏 먹는다. 그렇게 막 쓰다 보면 얼마 못 가서 월급이 동나고, 다음 월급을 받을 때까지 또 팍팍한 생활을 해야 한다. 이렇듯, 월급을 받고 그 수준에 맞춰 사는 걸 당연하게 생각해왔다. 하지만 생각이 바뀌면서 월급에만 의존하는 삶이 아니라 다른 삶을 살아보고 싶다는 생각이 강해졌다.

경제적 자유를 가져다주는 추천 도서

**10년 동안 적금밖에 모르던 39세 김과장은
어떻게 1년 만에 부동산 천재가 됐을까?**

김재수(렘군) | 비즈니스북스

부동산에도 사이클이 있다는 것과 지역 분석을 어떻게 하면 되는지를 아주 구체적으로 알려준다. 부동산은 감으로 하는 게 아니라 철저하게 원리에 의해 움직인다는 걸 알게 해주는 책이다.

부자 아빠의 투자 가이드

로버트 기요사키 | 민음인

《부자 아빠 가난한 아빠》의 세 번째 시리즈다. 여기서는 부자들이 들려주는 투자 비법 5단계가 나온다. 각각의 단계를 위한 계획을 세움으로써 일반 투자가가 아니라 전문 투자가로 살아갈 수 있게 해주는 책이다.

대한민국 부동산 초보를 위한 아파트 투자의 정석

제네시스박 | 비즈니스북스

저자가 어떻게 부동산에 눈을 뜨게 되었는지, 어디서부터 시작하면 되는지에 대한 과정이 고스란히 담겨 있다. 이제 막 부동산에 관심을 갖고 내 집 마련을 하려는 분들에게 제대로 된 방향을 잡아줄 수 있는 책이다.

나는 오늘도 경제적 자유를 꿈꾼다

청울림(유대열) | 알에이치코리아(RHK)

처음 투자를 결심하고 읽었던 책이다. 저자가 얼마나 치열하게 경제적 자유를 얻기 위해 노력했는지 알 수 있다. 무엇보다 투자를 할 수 있다는 동기부여를 얻고 싶은 분들에게 추천한다.

부의 추월차선

엠제이 드마코 | 토트출판사

이 책을 읽기 전에는 직장인으로 월급을 받는 삶이 당연하다고 생각했다. 하지만 결국 우리는 사업가가 되어야 진정한 부자가 될 수 있다는 걸 알려준다. 투자 마인드를 장착하는 데 이만한 책이 없다고 생각한다. 노예의 삶을 그만두고 진짜 내 삶을 되찾고 싶은 분들에게 추천한다.

딱 2년 만
부동산 투자에 미쳐보기

다양한 책을 읽고 마인드 세팅을 마치자 그때부터는 부동산 투자밖에 생각나지 않았다. 하지만 문제는 시작할 엄두가 나지 않는다는 것이었다. 먼저 투자를 시작했던 친구는 이미 부동산 강의를 몇 년간 들었고 함께 투자하는 동기들도 생긴 상태였다. 친구가 그렇게 되기까지 얼마나 많은 노력을 했을지 알 수 있었고, 한편으론 부럽기도 했다.

그러나 마냥 부러워하고 있을 수만은 없었다. 머릿속으로 상상만 하는 일을 현실로 만들기 위해서는 집 밖으로 나가야 했다. 비슷한 생각을 하는 사람들과 만나 이야기를 나누는 것부터 시작해서 무엇이든 구체화해야 했다. 집에서 투자 유튜브만 보고 계산기만 두드려서는 아무

것도 이룰 수 없었다.

지금처럼 살지 않기 위해

'도대체 무엇부터 해야 할까?'

눈만 뜨면 이런 고민을 했다. 그러던 중 인터넷을 검색하다가 부동산 투자자이자 베스트셀러 저자이기도 한 사람이 저자 특강을 한다는 사실을 우연히 알게 됐다. 하지만 이미 신청이 마감된 상태였고, 대기를 원하는 사람은 댓글을 남기라고 되어 있었다. 신청이 될지 안 될지 모르는 일이었지만, 꼭 가고 싶다는 간절한 마음으로 이름과 연락처를 남겼다. 그런 마음이 전해진 건지 특강 당일 내가 참석자 명단에 포함됐다는 문자 메시지가 왔다. 사정이 생겨 취소하는 사람들이 나온 덕에 내가 그 자리를 차지하게 된 것이다. 기쁜 마음으로 수강료를 입금했다.

그런데 특강 시간이 저녁이었다. 아무래도 직장인들이 부동산에 관심이 많다 보니 저녁 시간으로 잡은 것 같았다. 남편에게 연락해보니 너무 바빠서 일찍 퇴근하지 못한다고 했다. 어쩔 수 없이 시부모님께 부동산 특강을 들으러 간다고 말씀드리고 남편이 올 때까지만 아이들을 좀 봐달라고 부탁했다. 예전 같으면 아이를 맡기는 게 번거로워 가지 않았을 텐데 이번에는 꼭 가서 듣고 싶었다.

그렇게 혼자서 특강을 들으러 갔다. 강의실은 그를 보기 위해 모인 사람들로 가득 찼다. 강연자에게서는 여유와 자신감이 느껴졌다. 힘들었던 과거 이야기를 들을 땐 함께 울었고, 성공한 현재의 이야기를 들을 땐 동기부여가 됐다. 강의가 끝나 사인을 받고 나오는데 부동산 투자에 대한 열망이 불타오르기 시작했다.

특강을 다녀온 후 부동산 투자가 더욱 간절해졌다. 그래서 바로 실행하고자 하는 욕심이 생겼다. 욕심이 과했던 탓일까. 내가 사는 지역 한 아파트의 급매 물건을 발견하고 별생각 없이 덜컥 계약을 진행했다. 결국 그 건은 전세를 맞추지 못해 실패로 끝나고 말았다. 이 경험을 통해 공부가 얼마나 중요한지를 알게 됐다. '시작이 반'이라는 말만 믿고 투자에 뛰어들었지만, 아무런 경험도 없는 나에게 부동산 투자는 절대 녹록지 않았다. 한 번 실패했기 때문에 재능이 없는 것 같아 포기할까 생각도 했었다. 그러나 이것을 그만두면 평생 지금 사는 대로 살아야 한다는 두려움이 앞섰다. 제대로 해보지도 않고 포기하긴 정말 싫었다.

그래서 이번 투자에서 무엇을 잘못했는지 스스로 성찰해보고 친구에게도 조언을 구했다. 가장 잘못한 것은 이것이었다. 바로 감으로 투자했다는 것. 투자 지역의 공급·수요 물량, 평균 매매가 등 중요한 지표는 하나도 살펴보지 않은 채 그저 '살기에 좋을 것 같아서' 투자한 것이다. 그리고 공인중개사 소장님과의 관계 또한 너무 서툴렀다. 기간 내에 전세를 못 맞추는 무리한 투자를 해버린 것이다.

이러한 투자 경험의 복기와 친구의 조언 덕분에 부동산 투자에 대한 방향성을 점차 잡아갔고, 예전과는 다르게 할 수 있겠다는 자신감도 생겼다.

평소에도 낯선 곳에 가는 것을 정말 좋아했기에 부동산 임장은 새로운 활력소가 됐다. 그러면서 이제는 정말 부동산에 제대로 미쳐보기로 했다.

제2장

이제부터 부동산 공부를
시작해볼까

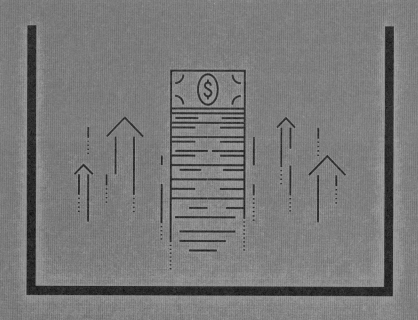

집에 대한 정의를
다시 쓰다

평소 나는 투자를 하더라도 그 집에 들어가 살아야 한다고 생각했다. 그랬기에 대출을 받는다고 해도 내 돈이 많이 필요했다.

예를 들어 5억짜리 집을 실거주 겸 투자로 매수한다고 해보자. 요즘은 조정대상지역 시가 9억 원 이하인 경우 LTV(Loan To Value ratio, 주택담보대출 시 인정되는 자산가치의 비율) 쉽게 말해 대출한도가 50퍼센트이고, 그 외의 지역은 1주택 처분 조건을 충족해야 최대 70퍼센트까지 가능하다. 5억 원에서 50퍼센트를 대출받는다면 나머지 2억 5,000만 원을 따로 마련해야 한다.

하지만 실거주를 하지 않는다면 얘기가 달라진다. 예를 들어 어떤 단지의 매매가가 5억 원, 전세가가 4억 원이라고 할 경우 1억 원만 있으면 매수할 수 있다. 단지마다 전세가가 다를 수 있으므로 투자금이 더 줄거나 늘어날 수는 있지만, 전세를 끼고 매수하면 실거주를 하는 것보다 돈이 훨씬 적게 든다.

내 집 마련과 투자를 분리하라

예전에는 내 집 마련과 투자를 분리한다는 생각을 전혀 하지 않았다. 그런데 어느 날 우연히 부동산 관련 유튜브 영상을 보다가 '투자와 실거주를 분리하라'라는 얘기를 접하고 생각이 바뀌었다. 부동산 투자자 렘군의 영상이었다.

당시는 부동산 투자에 실패해서 힘들어하던 때였다. 그 영상은 어떤 시청자가 투자를 할지 실거주 집을 마련할지 고민하는 내용을 다뤘는데, 사연 신청자는 친정에서 부모님과 같이 살면서 종잣돈 2억 원을 모았다고 한다. 그 돈으로 자신이 실거주할 집을 마련하면 돈을 깔고 앉게 되므로 투자를 할 수 없어서 고민이라고 했다. 이에 렘군이 이렇게 조언했다.

"투자와 실거주를 분리하세요."

이 조언은 정말 새로웠고 신선한 충격이었다. 영상을 더 자세히 보니 투자와 실거주를 분리하면 두 가지 장점이 있다는 걸 알 수 있었다.

첫째, 투자의 선택지가 전국이 된다는 것이다. 일단 친정에서 살면 주거비를 줄일 수 있고, 전세를 낀다면 종잣돈 2억 원으로 충분히 입지 좋은 아파트를 살 수 있다. 실거주를 고려하지 않아도 되므로 전국 어디든 오를 만한 아파트를 대상으로 할 수 있는 것이다.

대부분 사람은 투자를 할 때 나중에 직접 들어가 살 수도 있다는 생각에서 어떻게든 잘 아는 곳, 지금 사는 생활권 안에 있는 곳을 선택하려 한다. 나 역시 무조건 내 집에서 살아야 하고, 투자를 하더라도 실거주를 할 수 있는 곳에 해야 한다고만 생각해왔다.

첫 번째 투자 대상으로 눈여겨보던 아파트는 당시 살던 집에서 지하철로 세 정거장 거리에 있었다. 이사를 가긴 해야겠는데 다른 곳은 너무 생소해서 생각조차 하지 않았다. 범위를 최대한 넓게 잡고 선택한 아파트가 그곳이었다. 범위를 그처럼 좁게 정하다 보니 선택지가 너무 없었다. 한 단지는 브랜드도 좋고 상권도 좋은데 아이들이 학교에 가려면 신호등이 없는 횡단보도를 건너야 했다. 또 다른 단지는 초품아(초등학교를 품은 아파트)였지만 세대수가 너무 적어서 '나 홀로' 아파트 같았다. 또 한 가지 걸리는 부분은 너무 오래된 아파트라는 점이었다. 이사를 하면 아이가 초등학교를 졸업할 때까지 그곳에서 살게 될 텐데, 이미 10년 이상 된 아파트들이어서 그때쯤 되면 팔리기나 할까 걱정이 됐다. 이렇게 따지고 보니 마음에 쏙 드는 곳이 없었다.

하지만 투자와 실거주를 분리하면 전국이 선택지가 되므로 이런 걱정을 할 필요가 없다. 이 점을 깨닫고 나니 세상을 완전히 다른 시각으로 볼 수 있었다.

둘째, 자기자본이 덜 필요해진다는 것이다. 나는 돈이 넉넉하지 않아 어떤 물건을 구매하든 돈이 가장 걱정이었다. 당시 생각해둔 아파트의 가격이 5억 5,000만 원 정도였다. 주택담보대출을 알아봤을 때 집값의 60퍼센트인 3억 3,000만 원 정도를 대출할 수 있다고 했다. 그러니까 대출을 받고도 2억 2,000만 원이 더 있어야 그 아파트를 살 수 있었다. 기존 집을 팔면 돈은 메울 수 있었지만 3억 3,000만 원에 대한 원금과 이자를 매달 갚아나가야 한다는 게 부담이 됐다. 그렇지만 전세를 끼고 투자한다면 이야기가 달라진다. 기존 집을 판 다음 그 돈을 집을 사는 데 보태고 나는 월세로 살면 된다. 매달 지출되는 월세가 부담은 되지만 집값 상승폭이 매달 내는 월세보다 클 것이다.

이 간단하지만 강력한 원리를 깨달은 후 내 인생이 바뀌었다. 선택지가 무한해졌고, 몇천만 원만 있어도 투자할 수 있게 됐다. 그 영상을 보고 나서는 현재 살고 있거나 잘 아는 지역뿐만 아니라 전국을 투자 대상으로 해서 공부하기 시작했다.

모든 것은
자본 재배치의 과정이다

이제 부동산 투자를 시작하려고 하니 종잣돈이 필요했다. 그동안은 매달 번 돈 그대로 쓰기 바빴지만, 이제는 돈을 모아야 할 때다. 밤새 생각해보니 3,000만 원 정도는 아끼고 아껴서 모을 수 있을 것 같았다. 내가 투자를 시작할 때도 지금처럼 1억 이상의 돈이 있어야 누구나 선호하는 아파트를 살 수 있었다.

그러나 고작 3,000만 원의 돈이 주는 파급력을 나는 믿었다. 남들보다 먼저 오를 아파트를 골라내는 안목이 있다면 3,000만 원으로도 200퍼센트 이상의 수익을 낼 수 있다고 수많은 사례를 통해 확인했다.

고액 연봉자도 아니었던 내가 어떻게 일상을 바꿔 3,000만 원을 만

들었는지 함께 살펴보자. 당신도 할 수 있다.

돈 쓰는 습관부터 바꾸자

제일 먼저 신용카드를 잘랐다. 카드 회사에서 회원 탈퇴를 하면 되는 거였지만, 카드를 직접 가위로 자른 건 다시는 카드를 쓰지 않겠다는 상징적인 의미였다. 대신 체크카드를 쓰기 시작했다. 처음에는 현금을 써보려고 했다. 하지만 현금을 쓰다 보니 잔돈이 계속 생겼다(물론 잔돈이 생기면 돼지저금통에 넣는 습관이 있어서 지금도 속이 꽉 찬 돼지저금통이 네 마리나 된다). 잔돈이 많아지니 지갑도 무거워지고, 모아서 지폐로 바꾸기 위해 은행에 가는 것도 불편했다. 그런 면에서 체크카드가 가장 편하고 좋았다.

신용카드를 끊으면서 집에서 가까운 동네 마트에 가기 시작했다. 직장에 다닐 때는 장 볼 시간을 내기가 어려워서 일주일 동안 먹을 음식을 한꺼번에 구입해 냉장고에 가득 채워놓곤 했다. 그렇게 하다 보니 냉장고 안에 무엇이 있는지 찾기가 어려웠고 상해서 버리게 되는 음식도 상당했다. 동네 마트를 이용하면서는 그런 일이 거의 없어졌다. 오늘 해 먹을 것만 소량으로 사고 체크카드로 결제했다. 그렇게 자주 소량씩 장을 보니 신선한 제품을 구입할 수 있었고, 상해서 버리게 되는 일도 정말 많이 줄었다. 결론적으로, 장을 보는 데 돈을 적게 쓰게 됐다.

예전에는 백화점에 가는 것도 좋아해서 자주 갔다. 사람들이 북적거리는 그 분위기가 좋았다. 그런데 백화점에 자주 간 달에는 신용카드 대금이 예상보다 훨씬 많이 나왔다. 굳이 가지 않아도 되는 곳에 가서 쓸데없는 소비를 했다는 생각이 들었다. 신용카드를 쓰지 않기 위해서라도 백화점에 가지 않기로 마음먹었다.

신용카드를 자른 이후부터는 돈이 샌다는 느낌이 들지 않았다. 매달 신용카드 대금이 통장에서 빠져나갈 때면 밑 빠진 독에 물 붓기라는 생각이 들곤 했다. 이렇게 살다가는 아무리 노력해도 목돈을 모을 수 없을 것 같았다. 견물생심이라고 하지 않던가. 무언가를 사고 싶은 욕구도 그 물건을 보지 않으면 생기지 않는다는 것을 알게 됐다.

결국 습관을 어떻게 바꾸느냐에 달린 것 같았다. 물론 신용카드를 잘 활용하는 사람들도 있겠지만, 지출을 억제하지 못하는 사람이라면 당장 신용카드를 잘라버리길 권한다. 신용카드를 끊고 나면 돈이 나가는 것이 아니라 들어오는 삶을 살게 된다.

라떼 효과 제대로 활용하기

평소 스타벅스 커피를 정말 좋아해서 앱에 매월 자동결제가 되게 해놓았다. 임장을 갈 때도 그 지역에 있는 스타벅스에 꼭 들러서 커피를 마시며 사진을 찍었다. 그것을 해당 지역에 임장을 다녀왔다는 인증처럼 여겼다. 친구들과도 항상 카페에서 만났다. 그런 곳에서 만나야 대화가 더 잘 통하는 것 같았고, 비싼 돈을 냈으니 어떻게든 오래 있으려고 했다.

직장 생활을 할 때도 점심을 먹고 나면 회사 근처의 카페에 가서 커피를 마셨다. 그곳에서 적립해주는 쿠폰이 10잔을 모두 채워 무료로 1잔을 먹게 될 땐 세상을 다 얻은 것처럼 기뻐했다. 쿠폰에 찍히는 그 도장이 얼마나 뿌듯했던지 혹시라도 잃어버릴까 봐 지갑 속에 소중하게 간직했다. 동료들과 자주 가다 보니 커피를 사는 일이 많아졌다. 어릴 때부터 다른 사람에게 얻어먹는 걸 정말 싫어하는 성격이었다. 그래서 동료들보다 먼저 계산대 앞으로 가서 주문을 하고 계산을 마쳤다. 이런 일이 잦다 보니 커피값으로 나가는 돈이 점점 더 많아졌다.

스타벅스의 아메리카노 한잔이 4,100원이다. 매일 커피를 마신다고 가정하면 매달 10만 원 이상을 소비하는 셈이다. 평소에 동료들이나 친구들 커피도 자주 사줬기 때문에 매달 나간 돈은 그 이상이었을 것이다. 그걸 알고 나서부터 점점 부담이 되기 시작했다.

어느 날 문득 이런 생각이 들었다.

'커피값으로 부동산 투자를 해볼까?'

예를 들어 한 달에 커피를 10만 원어치 마신다고 할 때 1년이면 120만 원이다. 이 돈은 어느 정도의 가치가 있을까? 만약 연간 120만 원을 마셔서 없애지 않고 은행 이자로 낸다면? 연이자 3퍼센트로 잡고 4,000만 원을 빌릴 수 있다. 한마디로, 스타벅스만 끊어도 1년이면 투자에 필요한 목돈을 마련할 수 있다는 뜻이다.

그때부터 더는 밖에서 커피를 사 먹지 않았다. 직장에서는 탕비실에 있는 인스턴트커피를 마셨다. 집에 굴러다니던 텀블러를 챙겨 와서 점심시간마다 탕비실의 커피를 타서 담아 들고 동료들과 산책을 했다.

커피를 줄이는 건 누군가에게는 그다지 힘든 일이 아니겠지만 '굳이 이렇게까지 해야 하나?'라고 생각하는 사람도 분명히 있을 것이다. 하지만 커피를 사 먹는 것도 습관이다. 습관처럼 빠져나가는 돈을 적절히 제어하면 부동산 투자를 위한 종잣돈을 마련하는 데 도움이 된다는 걸 말하고 싶었다.

나는 지금도 매일 집에서 인스턴트커피를 마신다. 요즘은 인스턴트커피도 예전보다 많이 맛있어졌다. 매일 아침 아이들을 학교에 보낸 후 커피포트에 물을 끓이고 인스턴트커피로 나만의 티타임을 가진다. 그리고 좋아하는 음악을 잔잔하게 틀어놓으면 집이 멋진 홈 카페로 변신한다. 굳이 돈 들여서 카페에 가지 않아도 집에서도 충분히 카페 분위기를 느낄 수 있다. 그리고 그렇게 줄인 돈으로 투자를 하면 된다.

어디에 돈을 쓸 것인가

부동산 투자를 결심하고 아이들 사교육도 줄였다. 아이가 유치원에 들어가기 전에는 사교육을 하지 않아도 크게 문제가 없었다. 그런데 유치원에 입학할 때쯤 되니 이런 걱정이 됐다.

'원어민 영어 수업 안 들으면 우리 아이만 뒤처지는 거 아닐까?'

그때는 첫아이여서 뭐든 해주고 싶은 마음이 컸기 때문에 무리해서 영어 사교육을 시작했다. 매달 아이에게 들어가는 사교육비가 영어 유치원 60만 원에 방문 미술, 한글 학습지까지 포함해서 100만 원이 넘었다. 하지만 주변에는 더 많이 하는 엄마들이 많았기 때문에 그들에 비하면 아무것도 아니라고 자기 합리화를 해버렸다.

그러나 영어 유치원을 다니며 언어가 익숙지 않아 괴로워하는 아이를 보면서 마음이 흔들렸다. 때마침 《잠수네 아이들의 소문난 영어공부법》이라는 책을 알게 됐다. 영어 홈스쿨링에 관한 책인데, 그 책을 사서 밑줄을 쳐가며 열심히 읽었다. 그리고 아이들에게 적용해보기 시작했다. 우선 집에 영어 원서가 거의 없었기 때문에 매일 집 근처 어린이 도서관에 가서 영어 원서를 쉬운 것부터 빌려서 읽혔다. 당연하게도, 처음에는 아이가 읽을 줄 몰랐기 때문에 내가 읽어줬다. 영어 원서를 유튜브에서 검색해서 매일 시간을 정해 원어민 발음으로 들려주고 아이와 함께 읽었다.

현재 초등학교 4학년, 2학년인 아이들은 여전히 영어 학원에 다니지 않는다. 그런데도 첫째 아이는 챕터북인 《호리드 헨리》Horrid Henry를 술술 읽을 정도가 됐다. 둘째는 영어 유치원 근처에도 가지 않았는데 형이 매일 집에서 영어를 공부하니 자연스럽게 같이 배우게 됐다. 우리 아이들은 영어 자막이 없는 채널을 아주 재미있게 본다. 그 뜻을

100퍼센트 이해하지는 못하겠지만 그래도 우리말로 하는 채널 보듯이 아주 자연스럽게 보는 것만으로도 만족한다.

이렇게 한 지가 3년이 넘었기 때문에 정해진 시간이 되면 아이들은 당연하다는 듯이 영어와 수학 공부를 한다. 그 덕에 현재는 아이들 사교육비에 들어가는 돈이 적으며, 그렇게 아낀 돈을 부동산 투자에 활용하고 있다.

집 판 돈을 투자에 쓰고 월세를 살기로 한 뒤 가장 걱정됐던 것이 매월 나가는 고정비였다. 인근 월세를 알아보니 100만 원 가까이 됐다. 그때 든 생각이 아이들 사교육을 줄이면 월세는 충분히 충당할 수 있겠다는 것이었다. 그리고 실제로 내가 생각한 대로 됐다. 남의 집에 다시 임차로 들어간다는 게 싫었지만 당시 처한 현실에서 벗어나려면 다른 방도가 없었다. 매달 월세를 내면서 아이들 사교육까지 하는 건 무리였다.

지금 돌이켜 생각하면 전세 대신 월세를 선택했던 것에 후회는 없다. 더 적극적으로 부동산 투자에 뛰어들기 위해 당시에는 필사적인 선택이었고, 달리 말하면 자본을 재배치하는 방법이었다. 사는 데 깔고 있는 돈을 최소화해 조금 더 수익률이 좋은 곳에 내 자본을 재설정하는 것이다.

이런 과감한 선택이 결과적으로 경제적 자유를 향해 한 걸음 더 가까이 가게 해주었다. 물론 이 방법은 한 가정을 이루는 데 가장 중요한 주거 안정성을 건 큰 결단이다. 하지만 충분한 부동산 공부와 출구 전략이 선행된다면 평범한 사람이 부동산 투자에 나설 수 있는 최선의 방법이라고 생각한다.

부동산 공부,
멘토가 가장 중요하다

부동산 공부를 본격적으로 시작하면서 무의미하게 보던 드라마도 끊었다. 드라마를 보지 않게 되니 저녁 시간에 여유가 생겼다. 대신 그 시간에 다양한 부동산 관련 채널을 보기 시작했다. 처음에는 알고리즘에 걸리는 영상을 무계획적으로 보았지만, 나중에는 어떤 채널이 나와 맞는지 알게 되었다. 그러면서 좋은 영상을 구분하는 나만의 기준이 생겼다.

이 기준대로 유튜브를 골라내면 영상 시청이 단순히 시간 낭비가 아니라 저절로 공부가 되는 마법 같은 효과를 경험하게 될 것이다. 물론 영상을 보고 따로 복습하며 지식을 자기 것으로 만드는 절차도 분명히 필요하다.

또한 제대로 된 유튜브 채널을 구독하는 게 중요한 이유는 부동산 멘토 설정에 있다. 부동산 투자에서 돈을 버는 수단과 방법은 무궁무진하다. 그렇기에 자신만의 투자 철학을 세우는 게 중요한데, 이를 제대로 안내해줄 수 있는 멘토를 골라야 한다. 선한 의지와 바른 투자 철학을 가진 사람의 길을 따라가면 돈뿐만 아니라 인생의 행복도 함께 얻을 수 있기 때문이다.

그렇다면 이제 나만의 유튜브 채널 고르는 기준을 소개하겠다.

제대로 된 유튜브 채널 고르는 기준

첫째, 신뢰할 수 있는가. '부동산'으로 검색을 해보면 정말 많은 채널이 나온다. 예전에 지인이 소개해준 채널이 있었다. 구독자 수도 꽤 많은 채널이었는데, 매번 부동산에 대해 부정적인 이야기만 했다. 그 영상을 보면 볼수록 부동산에 투자해서는 안 된다는 생각이 들었다. 결국 구독을 취소하고 다른 채널을 찾기 시작했다. 채널을 볼 때는 최신 영상이나 가장 인기 있는 영상뿐만 아니라 과거의 영상들을 보는 것도 중요하다. 채널을 만든 사람이 과거부터 어떤 생각을 가지고 운영해왔는지가 중요하기 때문이다. 과거부터 현재까지 일관되게 같은 이야기를 하고 자신도 직접 부동산 투자를 실행하는 사람이라면 신뢰할 수 있다.

둘째, 영상을 꾸준히 업로드하는가. 유튜브에는 영상 하나가 큰 인기를 끌어서 커진 채널들도 많다. 그런데 개중에는 영상을 꾸준히 올리지 않는 채널도 있다. 영상을 꾸준히 올린다는 것은 그만큼 부동산에 계속 관심을 갖고 공부하고 있다는 방증이다. 그런 채널은 최근 이슈나 도움이 되는 영상들을 계속 올려주므로 부동산 공부를 하는 데 도움이 된다.

셋째, 진정성이 있는가. 유튜버가 돈을 벌 목적으로만 채널을 운영하는지, 아니면 정말 자신이 아는 것을 세상에 제공하려 하는지 잘 판별해야 한다. 부동산 유튜버 중에는 사람들을 모아서 편향된 정보를 흘려 자기 잇속을 챙기려는 사람이 있다. 이를 가려낼 수 있는 기준은 진정성이다. 진정성이 있는 채널을 보면 자신의 수익보다는 구독자에게 하나라도 더 알려줘서 방향을 제대로 잡아주고 싶어 하는 마음이 느껴진다. 이런 채널은 구독자와의 소통을 중요하게 생각해서 실시간 방송도 자주 하고 질의응답 시간을 통해 궁금증을 해결해주려고 노력한다.

넷플릭스 대신 유튜브 라이브를 보다

이 세 가지 기준에만 부합해도 부동산 공부를 하는 데 큰 도움을 받을 수 있다. 이 기준으로 세 개의 채널을 찾았다. 그 채널들은 매주 유튜브 라이브를 진행했다. 라이브 시간은 대개 저녁 9시부터 12시 정도였는데, 나도 넷플릭스 드라마를 보는 대신 라이브에 참여하기 시작했다.

'부동산전망 No.1 렘군'의 유튜브 라이브는 매주 목요일 저녁 9시에 있었다. 유튜브 라이브에 한 번도 빠지지 않았다. 항상 목요일에는 아이들을 평소보다 일찍 재웠다. 그리고 9시가 되면 제일 먼저 라이브에 참여해서 인사를 했다. 라이브의 내용은 비싼 유료 강의에 비할 수 없을 만큼 유용했다.

유튜브 라이브는 실시간으로 강의하고 채팅창을 통해 양방향으로 소통한다. 서로 얼굴을 보는 건 아니지만 채팅으로 의사를 표현할 수 있다. 그런 시간이 너무나 좋았다. 일주일 동안 아이들 보랴 집안일하랴 지쳤는데, 그 시간을 통해 다음 일주일을 또 열심히 살 수 있는 활력을 얻었다.

주변 사람들이 요즘 인기 있는 드라마 이야기를 하면 보고 싶다는 생각이 들기도 한다. 하지만 일단 한 회를 보면 마지막 회차까지 보게 될 것을 잘 알기 때문에 아예 시작조차 하지 않는다. 드라마를 안 보면 그 시간에 할 수 있는 것들이 너무 많다. 그래서 앞으로도 드라마는 절대 보지 않을 생각이다.

정주행 필수! 부동산 유튜브 채널 3

① 부동산전망 No.1 렘군

이 채널을 계속 보다 보니 신뢰감이 생겼다. 다른 채널들은 부동산 이야기만 하는데 이 채널에서는 부동산뿐만 아니라 세상에 가치를 제공하며 사는 방법도 알려준다. 그 덕분에 부동산 투자뿐만 아니라 인생 전반에 대한 큰 그림을 그려나갈 수 있었다. 지금까지 소비만 하는 삶을 살았는데, 이 채널을 통해 세상에 가치를 제공하는 삶을 살아야 한다는 것을 알게 됐다. 그러면서 점점 '렘군'이라는 사람에 대한 신뢰감이 쌓여갔다.

매일 이 채널에 들어가서 최신 영상부터 과거 영상까지 모든 영상을 봤다. 최근 영상도 좋았지만 과거 영상에는 구체적인 부동산 공부 방법이 나와 있었다. '대장 아파트 찾는 방법', '지역 분석하는 방법', '저평가 지역 찾는 방법' 등을 배울 수 있었다. '정말 공짜로 이런 걸 보여줘도 되나?' 싶을 정도였다. 그 영상들을 매일 반복해서 봤다. 부동산 초보였기 때문에 처음에는 무슨 내

〈그림 2-1〉 유튜브 라이브 체크 메모

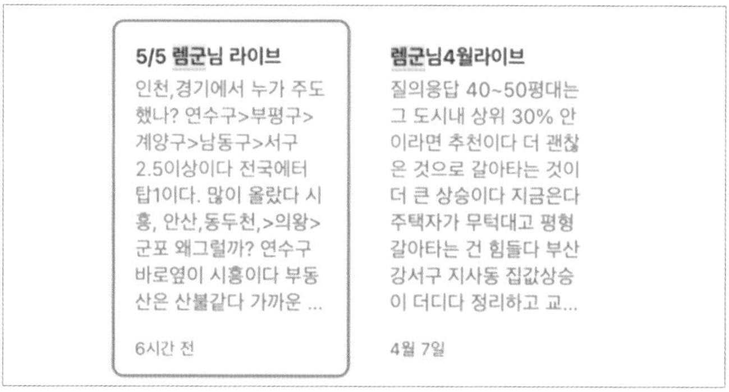

5/5 렘군님 라이브
인천,경기에서 누가 주도
했나? 연수구>부평구>
계양구>남동구>서구
2.5이상이다 전국에터
탑1이다. 많이 올랐다 시
흥, 안산,동두천,>의왕>
군포 왜그럴까? 연수구
바로옆이 시흥이다 부동
산은 산불같다 가까운 ...

6시간 전

렘군님4월라이브
질의응답 40~50평대는
그 도시내 상위 30% 안
이라면 추천이다 더 괜찮
은 것으로 갈아타는 것이
더 큰 상승이다 지금은다
주택자가 무턱대고 평형
갈아타는 건 힘들다 부산
강서구 지사동 집값상승
이 더디다 정리하고 교...

4월 7일

용인지 전혀 이해가 되지 않았다. 그래도 시간이 날 때마다 영상을 보면서 공부했다. 항상 스케치북에 메모했는데 영상에 나오는 내용을 꼼꼼히 적다 보니 스케치북을 대량으로 사다 놓아야 할 정도였다. 그렇게 스케치북에 적었던 내용을 다시 에버노트에 정리했다(그림 2-1). 그때 정리한 내용은 지금도 수시로 들여다볼 정도로 나에게 가장 소중한 부동산 공부 자료다. 그리고 이 채널의 영상을 보며 투자했던 곳이 현재 가장 큰 수익을 안겨주고 있다.

② 분양권 멘토 '해안선'

분양권의 가장 큰 장점은 신축되는 아파트를 등기하기 전 가장 저렴한 가격에 미리 살 수 있다는 것이다. 아직도 비조정지역의 분양권은 프리미엄을 제외하고 분양가의 10퍼센트만 있으면 매수가 가능하다. 이 채널을 통해 분양권에 대해 집중적으로 배울 수 있었다. 매주 월요일 밤 9시에 라이브를 했는데 1년간 거의 빠지지 않고 참여했다.

이 채널 덕분에 미분양, 미계약, 입주장 분양권에 대해 자세히 배울 수 있었다. 미분양은 주변 시세에 비해 높은 가격으로 분양했거나 아직 그 지역의 흐름이 좋지 않아서 미달이 나는 경우에 발생한다. 미계약은 입지가 좋은 곳이라도 계약을 포기하거나 부적격자가 생기는 경우 발생한다. 그리고 입주장에서는 자금 문제로 등기를 하지 못하게 됐을 때 분양권이 급매로 나오는 경우가 많다. 이렇게 세 가지 방법을 통해서 저렴한 가격에 분양권을 매수할 수 있었다. 그런 결정을 하는 데 해안선의 채널이 도움이 됐다.

③ 절세의 신 '제네시스박'

제네시스박은 세무사 자격증은 가지고 있지 않지만, 세금을 누구보다 쉽게 설명해주었다. 초등학생에게 설명하듯이 세금이라는 분야를 하나씩 하나씩 잘근잘근 씹어서 떠 먹여주는 정도였다. 이 채널을 알기 전에는 세무사들이 직접 운영하는 채널을 많이 봤는데, 내용을 너무 어렵게 설명해서 머릿속에 잘 들어오지 않았다. 하지만 이 채널은 달랐다. 어떻게든 쉽게 설명하기 위해 노력을 많이 한다는 느낌을 받았다. 예전에는 세금이 어렵다고 생각했는데,

이 채널의 영상들을 보면서 '세금이 이렇게 쉬울 수도 있구나'라는 걸 알게 됐다.

이 채널에서는 라이브를 자주 한다. 주로 요즘 이슈가 되고 있는 세금 관련 기사를 중심으로 꼭 알아야 할 세금에 대해 설명한다. 사례를 직접 들어가며 설명해주므로 머릿속에 쏙쏙 들어온다. 영상 말미에는 항상 질의응답 시간이 있다. 참여하는 사람들이 질문하는 내용을 보면 임대주택으로 등록된 사례, 증여에 대한 사례 등 정말 많은 사례가 있다. 처음에는 다양한 사례들을 봐도 이해가 잘 되지 않았는데, 자주 듣다 보니 이제는 어느 정도 알게 됐다. 이 채널 덕분에 현재 보유하고 있는 물건들에 대한 계획을 구체적으로 세울 수 있었다.

아침에 일어나서
확인하는 숫자들

부동산에 투자하기로 마음먹었을 때 가장 필요한 것은 시간이었다. 낮 동안은 회사에 매여 있고, 집에 오면 아이 뒤치다꺼리를 하느라 늘 시간에 쫓겼다. 그래서 아이디어를 낸 것이 바로 새벽 기상이다. 새벽에는 방해하는 사람이 없다. 자기계발서를 봐도 성공한 사람들은 대부분 새벽에 일어났다고 하지 않는가.

처음에는 휴대전화 알람을 새벽 6시로 맞췄다. 반복 알람이 되도록 설정한 뒤 휴대전화를 거실에 두고 잤다. 그래야 알람이 울리면 어쨌든 침대에서 걸어 나와 알람을 끌 것이고, 그러는 사이에 잠이 깰 거라고 생각했다. 결과는 성공이었다. 알람이 요란하게 울려도 잠이 많은

남편과 아이들은 절대 깨지 않았다.

그때부터 혼자만의 새벽 시간이 확보됐다. 하지만 새벽 6시에 일어나면 아침 7시까지 1시간밖에 공부를 할 수 없었다. 7시가 되면 가족들이 슬슬 일어나기 때문이다. 그래서 기상 시간을 계속 30분씩 앞당겼다. 새벽 5시 30분으로 당겼다가 적응이 되면 새벽 5시로 당겼다. 거기에 적응되니 새벽 4시 30분, 최종적으로 새벽 4시까지 당겼다.

새벽 4시에 일어나니 하루에 무조건 3시간이 확보됐다(그림 2-2). 그 사실만으로도 너무 좋았다. 이 시간에 뭐든 시도해볼 수 있었다. 그런데 집중이 잘되고 좋긴 했지만, 가끔 외로움이 느껴지기도 했다. 혼자 일어나다 보니 감시하는 사람이 없어서인지 한두 번씩 빼먹기도 했다. 그래서 새벽 기상 모임을 만들었다. 블로그에 공지글을 올리고 일곱 명을 모집해서 같이 새벽 기상을 시작했다. 새벽에 일어나면 단톡 방에 아침 인사를 하기로 했다. 그렇게 하다 보니 새벽에 같이 일어나는 동료가 있다는 생각에 혼자 할 때보다 더 잘 일어나게 됐고 눈을 뜨기 싫은 날도 누군가가 지켜보고 있다는 생각에 벌떡 일어날 수 있었다. 새벽 기상 모임은 현재까지도 운영되고 있으며, 한 달에 한 번씩 독서 토론도 하고 있다.

매일 전국의 흐름을 살펴보다

아침에 일찍 일어나서는 매일 루틴인 감사일기를 블로그에 쓰고 본격적으로 부동산 공부에 집중했다. 앞서 언급했던 렘군의 《10년 동안 적금밖에 모르던 39세 김과장은 어떻게 1년 만에 부동산 천재가 됐을까?》라는 책을 나의 부동산 교과서로 지정해 옆에 두고 수시로 읽었다.

세상에 수많은 부동산 책이 있지만, 나와 맞는 책을 한두 권 정도 골라 '부동산 교과서'로 삼아 독파하는 게 중요하다. 단순히 후루룩 쉽게 보면서 마인드를 다지는 정도가 아니라 '이 사람의 투자 노하우를 내것으로 만들겠어' 하는 결연한 마음으로 공부해야 한다.

나처럼 당신도 내 책을 발판 삼아 다양한 다른 책에도 도전해보길 바란다. 잘 고른 부동산 책은 평생 투자의 나침반이 되어줄 것이다.

책 몇 권을 독파한 뒤에는 전국의 지표와 경제 기사를 읽었다. 요즘에는 무료로 이용할 수 있는 플랫폼이 많다. 대표적으로 아실(asil.kr), 부동산지인(aptgin.com), 한국부동산원(reb.or.kr)을 들 수 있다. 특히 아실에서는 미분양, 입주 물량, 매매가격지수를 확인할 수 있다.

매일 새벽 이렇게 전국의 흐름을 보면서 저평가 지역을 찾았다. 지역을 찾으면 그 지역 내 구의 흐름을 봤고, 다시 아파트들을 줄을 세워 비교했다. 그런 다음 네이버부동산(land.naver.com)에서 각 아파트의 가격을 다시 하나씩 살펴봤다. 최근 호가는 얼마인지, 실거래는 얼마인지를 살폈다.

부동산은 많이 볼수록 저평가된 좋은 물건을 찾을 수 있다. 돈이 없어서 투자를 못 한다고 하지 말고 매일 딱 1시간만 부동산 공부에 시간을 들여보자. 반복할수록 알짜 정보를 쏙쏙 골라내는 기술이 늘 것이다.

어떻게 경제 기사를
읽을 것인가

평범한 회사원으로 살아갈 때 출퇴근 시간은 나에게 즐기는 시간이었다. 포털 사이트 메인 화면의 의미 없는 기사들, 커뮤니티의 가십들을 읽으며 시간을 보내곤 했다. 늘 회사 일도, 육아도 바빴기 때문에 잠시라도 쉴 시간이 필요했다.

이런 날들이 계속되자 시간은 흐르는데 나는 항상 그 자리에 있는 것 같았다. 이대로는 안 되겠다고 생각해서 자주 가는 커뮤니티의 방문 횟수를 줄였다. 대신 남는 시간에 경제 기사를 봐야겠다고 생각했다. 처음에는 힘들었지만 한 달 정도 지나니 익숙해졌다. 부동산 투자를 막 시작하던 무렵이었다.

상황을 객관적으로 보는 기술

경제 기사를 볼 때 네이버뉴스에서 베스트 순으로 보면 사람들이 많이 클릭하는 것 위주로 보게 된다. 그래서 내가 찾은 방법은 각 언론사를 클릭해서 경제 분야를 보는 것이었다. 이렇게 하면 그날 그 언론사에서 나온 기사들을 모두 볼 수 있다. 매일 아침 최소 세 군데의 언론사에 들어가서 경제 기사를 봤다. 이렇게 한 이유는 같은 사건이라도 언론사마다 시각 차이가 있기 때문이다.

부동산을 예로 들면 어떤 언론사에서는 투자자들이 집값을 올렸다고 말한다. 하지만 또 어떤 언론사에서는 투자자가 아니라 다른 요인들에 의해서 집값이 오른다고 이야기한다. 한 언론사의 기사만을 읽으면 그것이 사실이라고 생각하게 된다. 그래서 최소 세 군데 이상 언론사의 기사를 모두 읽어야 경제를 좀 더 객관적으로 바라볼 수 있다.

이렇게 보다 보면 논조, 편집의 방법 등이 내게 맞는 언론사를 찾을 수 있다. 그 언론사를 구독해 시시각각 변하는 부동산 정책들을 빠르게 확인하는 것도 시간을 줄이는 방법이다.

경제 기사를 읽어서 가장 좋은 점은 현재 우리나라 경제 전반이 어떻게 돌아가고 있는지 알 수 있다는 것이다. 부동산 역시 경제라는 큰 틀 안에 존재한다. 부동산이 경제의 영향을 100퍼센트 받는 건 아니지만, 경제가 사람들의 심리에 영향을 주기 때문에 결국 부동산에도 어느 정도 영향이 미치게 된다.

sebithee_richguide 오늘 제가 고른 기사입니다.
1. LG에서 미래집을 선보였다고 합니다. 안면인식을 하는 스마트도어, 클린존 역할을 하는 현관 등 코로나 시대에 집에서만큼은 최대한 안전하게 있고 싶은 니즈를 반영했습니다. 세이프티에 대한 이런 프리미엄을 갈수록 증가할 것으로 보입니다.

2. 테슬라, 카카오, 네이버의 주가가 오르는 것은 이들이 데이터부자이기 때문입니다.
이제는 데이터를 많이 가지면 가질수록 그쪽으로 부가 집중됩니다.
나는 어떤 데이터를 수집할 수 있을 지 잘 생각해봐야겠습니다.

또한 매일 경제 기사를 보면 그 안에서 글감이 떠오르기도 한다. 이를 활용해서 블로그에 글을 쓰고 유튜브 콘텐츠를 만들었다. 처음에는 신문 기사를 그대로 가져와서 생각을 석 줄 정도 적는 게 다였다. 이렇게 했더니 댓글도 거의 달리지 않았다.

그래서 이제는 기사 제목 정도만 이야기하고 대부분을 기사에 대한 생각들로 채운다. 같은 기사를 보더라도 사람마다 다르게 해석할 수 있다. 그 기사에 나온 현상에 대한 생각을 글로 쓰면서 주관이 점점 확실해져 갔다. 글을 쓰기 전에는 아침에 봤던 여러 기사의 내용이 뒤섞이기 쉽다. 하지만 그것을 글로 쓰면 나름대로 정리가 되고 경제를 바라보는 기준이 생긴다.

경제 기사를 꾸준히 보기 위해서는 하루 중 언제 보겠다고 시간을 정해두는 것이 좋다. 나는 새벽 시간이 가장 좋았다. 아무에게도 방해 받지 않고 기사를 볼 수 있어서다. 또 인스타그램에 스크랩을 하고 내 생각을 한 줄이라도 적으면 경제 기사를 좀 더 강제적으로 읽을 수 있다 (그림 2-3).

왜 GTX-C 얘기만 나오면 가격이 들썩일까

처음에는 경제 기사가 재미있게 읽히지 않았다. 어려운 기사들은 다 읽고 나도 '이게 무슨 소리야?'라는 생각이 들 때가 많았다. 하지만 매일 읽다 보니 연관되는 내용도 많고, 이전 기사에 나왔던 내용이 원인이 되어 현재의 결과로 이어지는 경우도 많다는 걸 알게 됐다. 그럴 땐 다시 예전 기사를 찾아보며 선후 관계를 따져봤다. 그렇게 했더니 기사를 읽는 맛이 났다. 예전에는 그냥 단순히 그 사건 하나만을 바라봤지만, 아무 이유 없이 일어나는 사건은 없었다. 모든 사건은 유기적으로 일어났고, 계속해서 읽다 보니 연결고리가 눈에 잘 보였다.

예를 들면 내가 경기도 안산 지역의 아파트 투자에 관심이 있다고 가정해보자. 안산 상록수역은 2021년 1월 GTX-C 노선 정차 이슈로 한 차례 가격이 상승했다. 하지만 사실상 '논의'였지 당시 확정된 것은 아니었다. 상승한 가격은 떨어지지 않았지만 여전히 불안 요소는 존재해 추후 관련된 기사를 확인하고 투자에 임해야 한다.

좀 더 확장해서 생각해보면 이렇게 접근할 수도 있다. 안산의 사례처럼 소문만으로도 집값이 뛰는데 GTX 노선 확정지는 어떨까? 이런 궁금증이 꼬리를 문다. 그럴 땐 관련 기사 검색을 하며 직접 각각의 집값을 분석해보면 된다. 그러면 자신만의 데이터가 생긴다.

경제 기사를 읽으라고 하면 어떤 사람들은 이렇게 말한다.

"그 재미없는 걸 왜 읽어요? 세상에 재미난 게 얼마나 많은데."

경제 기사가 어렵다는 건 선입견 또는 고정관념이라고 할 수 있다. 어떤 사람들에게는 부동산이 어렵고 딱딱해 보일 수 있다. 하지만 부동산은 돈을 벌어다 주고 낯선 곳을 친숙하게 해주는 너무나 재미있는 주제다. 경제 역시 마찬가지다. 경제 기사를 읽으면서 세상이 어떻게 돌아가는지 알게 되고, 그것을 잘 들여다보면 돈 버는 방법이 보인다.

세상은 갈수록 격차의 시대가 될 것이다. 그 격차를 만드는 가장 큰 요인은 정보다. 돈을 버는 정보는 경제 기사에 숨어 있다. 같은 기사를 읽어도 숨겨진 정보를 포착하는 사람은 돈을 버는 세상으로 이동한다. 하지만 그렇지 못한 사람은 항상 제자리일 뿐이다. 점점 더 빠르게 변하는 세상에서 제자리걸음을 하는 사람들은 결국 제자리가 아니라 점점 더 뒤로 밀려날 뿐이다. 그러니 소중한 시간을 갉아먹는 유튜브, 가십 커뮤니티에서 벗어나 경제 기사를 읽어야 한다. 하루빨리 경제 기사를 읽고 돈 버는 세상으로 떠나자.

돈 버는 부동산 기사 찾는 기술

경제 기사를 읽으며 거시적 돈의 흐름을 아는 것은 필수다. 그러나 부동산 투자를 결심한 우리가 촉을 세워야 할 것은 경제 기사 중에서도 '부동산 호재'와 '부동산 규제' 기사다.

부동산 호재 기사 찾기

① 키워드 검색으로 일자리 찾기

우선 키워드 검색을 통해서 관심 있는 지역에 어떤 호재가 있는지를 찾아야 한다. 만약 평택에 관심이 있다면 키워드를 '평택 대기업', '평택 일자리', '평택 채용 증대', '평택 정리 해고', '평택 지역 경기'로 최근 뉴스를 찾는다.

② 관심 지역의 대표 기업 동향 살피기

일자리가 있어야 지역 경제가 산다. 각 지역의 대표 기업을 찾아 그 기업의 개발 현황 등을 검색한다. 예를 들면 평택과 천안의 삼성, 이천의 하이닉스 등 그 지역의 대표 기업이 무엇인지, 신사옥 개발 움직임은 있는지 살펴보는 게 좋다.

③ 개발 호재, 교통 호재 찾기

'평택 개발 호재', '평택 교통 호재'로 검색하면 이슈가 되고 있는 호재들이 나온다. 그 기사들은 따로 정리해두고 진행 상황을 체크하는 것이 좋다.

다만, 호재는 호재일 뿐이라는 것을 기억하자. 호재가 실현되면 좋지만 정책적인 요인, 외부적인 요인 등으로 지연되거나 취소될 수 있다. 호재만 믿고 투자했다가 낭패를 보는 일도 비일비재하다. 따라서 투자를 할 땐 항상 호재보다는 입지에 중점을 두고 호재는 덤이라고 생각하는 것이 좋다.

부동산 규제 기사 찾기

① 정부의 대책 발표에 주목하기

부동산 상승장이 계속되면서 잊을 만하면 정부에서 세금 규제, 조정지역 지정 등 대책을 내놓는다. 이런 키워드가 있을 때마다 주의 깊게 봐야 하며, 이를 해석한 유튜브 등을 검색해 나에게 맞는 상황인지 파악한다.

② 세금과 관련된 사항 정리하기

부동산 투자에서 세금은 몇천만 원이 오가는 중요한 사안이다. 양도소득세, 취득세 등도 수시로 변하기 때문에 늘 체크해야 한다.

나는 주말 여행 대신
가족 임장 간다

예전에는 주말이 되면 항상 여행을 갔다. 캠핑을 가거나 호텔을 예약해서 1박을 하고 오기도 했다. 평소에도 집에 있는 것을 굉장히 싫어했기 때문에 틈만 나면 여행을 가려고 했다. 남편이 이렇게 말할 정도였다.

"당신은 꼭 원시인 같아. 밖에서 자는 걸 왜 그렇게 좋아해?"

정말 여행을 좋아했다. 그런데 여행을 다녀오면 그걸로 끝이었다. 바다를 보고 산을 보고 맛있는 걸 먹고, 그때는 좋았다. 하지만 집으로 돌아오면 그냥 추억 하나 남는 것으로 끝이었다. 허무하기도 했다. 그러다가 본격적으로 부동산 공부를 시작하면서 전국에 있는 도시 하나

하나가 궁금해졌다. 궁금하면 못 참는 성격인지라 남편에게 이렇게 제안했다.

"주말에 여행 가는 대신 가족 임장을 떠나자!"

임장을 하는 두 가지 방법

가족 임장을 떠나는 날이면 새벽에 일어나서 임장 지도를 만들었다. 그런 다음 지도에 오늘 꼭 봐야 할 아파트 단지들의 정보를 다 적었다. 준공 일자, 세대수, 매매가, 전세가, 주차대수 등 한눈에 알아볼 수 있도록 일목요연하게 정리했다. 주로 각 동의 랜드마크, 즉 가장 비싼 아파트들은 무조건 보고 오려고 했다. 그 이유는 가장 비싼 아파트가 상승의 흐름을 가장 빨리 타기 때문이다. 상승의 흐름은 좋은 곳에서 덜 좋은 곳으로 흘러가기 마련이다.

임장을 하는 방법에는 두 가지가 있다. 하나는 그 도시에서 가장 입지가 좋은 곳부터 좋지 않은 곳 순으로 보는 방법이다. 이 방법의 장점은 처음에 좋은 곳부터 봤기 때문에 왜 가격 차이가 나는지 확실히 알 수 있다.

다른 하나는 그 도시의 가장 안쪽으로 들어가 빠져나오면서 보는 방법이다. 장거리 임장을 가는 경우에 그 도시에서 빠져나오면서 가장 빠르게 현장을 볼 수 있다. 나는 주로 두 번째 방법을 활용했다. 하루에 최대한 많은 아파트를 봐야 했기 때문에 도시의 가장 안쪽으로 들어가 점점 빠져나오면서 분위기를 봤다.

임장을 할 때 남편과 아이들은 킥보드를 타면서 아파트를 둘러봤다. 단지 안으로 들어가기 전에 주변 상권이 어떤지, 버스정류장은 가까운지, 초등학교에 갈 때 도로를 건너야 하는지 등을 살펴봤다. 그리고 단지 안으로 들어가서는 조경이 어떤지, 국공립 유치원이 있는지, 주차장은 잘 관리되는지, 동 간 간격은 넓은지 등을 체크했다.

이렇게 함께 킥보드를 타고 다니는 걸 아이들은 정말 즐거워했다. 너무 많이 돌아다녀서 힘들 때는 남편과 아이들은 차에서 쉬게 하고 혼자 아파트 단지를 걸어 다녔다. 임장을 할 때는 항상 이 아파트를 매수한다는 생각으로 임했다. 그렇게 보면 정말 더 꼼꼼하게 살펴볼 수 있다.

그리고 주변에 있는 대형마트로 갔다. 실제로 여기서 사는 사람들의 분위기를 느껴보기 위해서였다. 2년 전에 울산 남구로 임장을 갔을 때는 홈플러스에 들렀다. 그 주변에는 울산 남구에서 보기 힘든 신축 단지들이 많이 들어서 있었다. 그 단지들이 공사 중일 때, 학군이 좋은 신정동에 사는 사람들은 '이곳은 오르지 않을 것'이라고 말했다고 한다. 하지만 신축 단지 옆에 학교와 대형마트가 있어서 생활하기가 무척 편해 보였다. 역시나 현재는 이 단지들이 성말 많이 상승했다. 때론 그 지역에 사는 사람들이 더 모르기도 한다. 너무 가까이 있어 객관적 판단이 어렵기 때문이다.

모르는 동네 정보 파악하는 놀이터 줍줍

가족 임장을 다니다 보니 부동산 중개소에 가기 전에 꼭 아파트 놀이터에 들르게 된다. 놀이터만 봐도 사람들이 선호하는 아파트인지 아닌지 알 수 있다. 예전에 건축된 아파트를 보면 단지 내 놀이터가 하나밖에 없거나, 있더라도 시소와 미끄럼틀이 전부인 경우가 많다. 하지만 요즘 아파트들은 다르다. 연령대별로 놀이터를 여러 개 만들어둔 곳이 많았다. 놀이터에도 테마가 있었다. 대구 달서구의 한 아파트가 그랬다. 2,000세대가 넘는 단지였는데 지상에 차가 다니지 않았고 놀이터가 테마별로 되어 있다.

아파트를 보러 가서 놀이터가 보이면 아이들은 반사적으로 뛰어갔다. 그곳에서 아이들은 신나게 놀았다. 임장 다니느라 지쳤을 텐데 어디서 그런 힘이 솟아나는지 다시 쌩쌩해져서 놀았다. 남편과 벤치에 앉아서 노는 아이들을 구경했다. 그렇게 구경을 하다 보면 동네 아이들이 한두 명씩 모여들었다. 자연스럽게 그 아파트 주민들과도 동석을 하게 된다. 그럴 때 슬그머니 이런 질문을 한다.

"이곳으로 이사 오려고 하는데요, 살기는 어떤가요?"

이렇게 물어보면 어떤 분들은 너무나 살기 좋다고 말하고, 또 어떤 분들은 이런 점은 불편하다며 솔직하게 말해주기도 했다. 한 아파트는 초등학교가 바로 앞에 있어서 살기 좋아 보였는데 중·고등학교가 인근에 없는 게 단점이라고 했다. 그래서 아이들이 초등학교 고학년이 되면 다른 곳으로 이사를 많이 간다고 했다. 그분도 현재 다른 곳으로 이사하려고 집을 알아보고 있다고 했다.

또 다른 아파트에 임장을 갔을 땐 엄마들끼리 하는 이야기를 듣게 됐다.

"○○ 엄마 집은 화장실 벽에 금이 가지 않았어? 우리는 안방 화장실 벽에 금이 가더니 거실 화장실에도 금이 가기 시작했어."

"정말? 우리 집도 그래. 그리고 화장실 환풍기를 틀어놓으면 '윙' 하는 소리가 엄청 크게 나. 우리 집만 그런가?"

"아니야, 우리 집도 그래. 그래도 이런 이야기 다른 사람들한테는 하지 말자. 집값 떨어질라."

아파트 하자에 대한 이야기였다. 그 아파트는 겉으로 봤을 때는 브랜드 새 아파트에 대단지였다. 사람들이 살고 싶어 하는 인기 아파트였다. 하지만 그런 하자가 있는지는 전혀 몰랐다. 화장실 벽에 금이 간다는 걸 봐서는 아무래도 좋은 자재를 쓰지 않은 게 틀림없다. 연식이 5년도 채 되지 않은 아파트에서 이런 하자가 발생한다는 게 놀라웠다.

이런 이야기를 듣지 않았다면 단순히 겉으로 보이는 모습으로 그 아파트를 선택했을 수도 있다. 부동산 소장님들도 이런 이야기까지는 해주지 않기에 더 중요하다.

놀이터에서는 그 동네의 분위기도 짐작해볼 수 있다. 어떤 단지 놀이터는 낮에는 조용하다. 아이들이 학원에 가 있기 때문이다. 학원을 마치는 저녁 6시쯤이 되면 아이들로 북적댄다. 온종일 학원에서 시달린 아이들이 놀이터에서 조금이라도 놀려고 찾아오기 때문이다. 아이들이 많이 사는 아파트에는 대개 이런 현수막이 붙어 있다.

'저녁 9시 이후에는 소음 등의 피해가 있으니 놀이터에서 노는 것을 자제해주시기 바랍니다.'

이런 현수막이 내걸린 아파트는 아이들이 많이 사는 곳이다. 아이들이 많이 사는 곳은 초품아인 경우가 많다. 예전에 임장을 갔던 단지도 초등학교가 바로 옆에 있었고, 학교로 가는 길이 공원으로 연결되어 있었다. 지상에 차가 다니지 않았고 학교에 갈 때 도로를 건너지 않아도 됐다. 아파트 안에 국공립 어린이집과 유치원도 있었기 때문에 어린 자녀를 둔 부모들에게는 그 아파트가 정말 살고 싶은 아파트였다. 그런 수요는 결국 가격에 반영된다. 예전에 살던 아파트는 지상에 차가 다니는 곳이었고 아이가 학교에 가려면 도로를 건너야 했다. 작은 도로였지만 아이가 혼자 건넌다고 생각하면 항상 불안했다. 학부모들의 생각은 다 비슷한 것 같다. 누군들 아이를 최대한 안전한 환경에서 키우고 싶지 않겠는가.

소장님도 깜짝 놀라는 정보력

이렇게 놀이터에서 신나게 놀고 정보를 얻은 뒤 부동산 중개소를 방문하면 소장님이 하는 이야기를 걸러서 들을 수 있다. 대개 소장님들은 단지들의 단점보다 장점만을 이야기한다. 이 단지는 이래서 좋고 저 단지는 저래서 좋다고 한다. 사전 정보 없이 그 이야기를 듣는다면 그 말이 100퍼센트 사실이라고 생각하고 덜컥 매수할 수도 있다. 하지만 이미 놀이터에서 살아 있는 정보를 얻은 뒤라면 소장님에게 이렇게 질문할 수 있다.

"소장님, 이 아파트에 하자가 많다고 하던데요. 특히 화장실 벽에 금이 간 세대가 엄청 많다던데, 하자보수는 되고 있는 건가요?"

하자에 대한 부분은 정말 그곳에서 사는 사람이 아니면 알기 어렵다. 그런 부분을 딱 집어서 얘기하면 소장님들은 당황하게 된다. '다들 집값 떨어질까 봐 쉬쉬하는 내용인데 이 사람이 어떻게 알았을까?'라는 표정으로 쳐다본다. 그럴 때 여유롭게 웃으며 소장님을 마주 보면 된다.

요즘 새 아파트들은 예전에 비하면 하자가 많이 발생한다. 화장실 벽에 금이 가는 경우도 드물지 않고, 옵션으로 한 붙박이장 문이 벌어지거나 바닥이 들뜨는 등 하자가 한두 가지가 아니다. 그 아파트를 매수할 때는 하자 여부를 파악하는 게 중요하다. 만약 하자가 있다는 걸 알고 매수 과정에서 이를 언급하면 소장님은 하자에 대한 부분을 더 꼼꼼히 체크하게 된다. 그리고 주민들이 이 단지에 대해 어떤 생각을 갖고 있는지 사전에 알아보고 소장님과 대화를 하면, 소장님 얘기 중에서 취할 건 취하고 버릴 건 버릴 수 있다. 무조건 이 아파트가 좋다고 말하는 소장님들이 많기 때문에 놀이터 줍줍은 꼭 필요하다.

제3장

2년 안에 무조건 돈 버는
부동산 투자의 원리

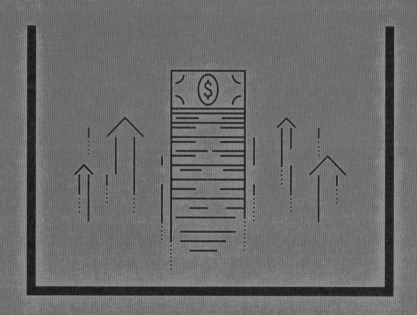

서울이 너무 비싸서
집을 못 사는 당신에게

"아파트는 꼭 서울에 사야 해."

정말 많은 사람이 하는 이야기다. 맞는 말이다. 그러나 반대로 생각해보면, 이런 편견 때문에 좋은 투자 기회를 놓치는 것도 사실이다. 서울 좋다는 건 누구나 안다. 모두가 서울에 투자하고 싶어 한다. 그러나 현실은 불가능에 가깝다.

네이버부동산에서 서울과 수도권의 대표적인 아파트 중 래미안대치팰리스1단지를 산다고 가정해보자. 한 매물을 보면 매매가 30억 5,000만 원에 전세가 22억 8,000만 원이다(그림 3-1). 이곳에 투자하려 한다면 8억 원이 있어야 한다. 다른 동네의 대장 단지들도 비슷하다.

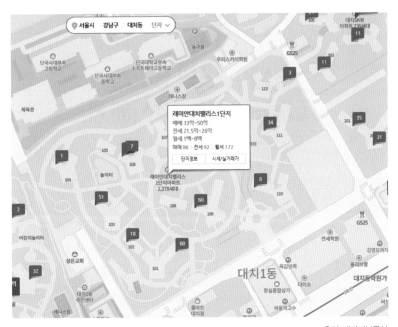

〈그림 3-1〉 래미안대치팰리스1단지 매물 시세 정보

출처: 네이버부동산

단지마다 차이는 있겠지만, 같은 서울·수도권이라고 해도 선호하는 지역들에서는 투자금이 거의 8~10억 원 가까이 든다. 이제 막 내 집 마련과 부동산 투자를 결심한 초보들에게 과연 그만큼의 돈이 있을까?

없는 경우가 대부분일 것이다. 단순히 이런 단지들만 보고 너무 비싸서 집을 못 사겠다며 투자는 물론 내 집 마련도 포기해버리는 사람들이 정말 많다. 하지만 우리나라에 도시가 서울·수도권만 있는 건 아니다. 생활권이 서울·수도권일지라도 내가 가진 소박한 돈으로 집을 사려면 수도권 밖에 관심을 둬야 한다. 타 지역이라도 계속 부동산에 관심을 갖고 투자하면서 자산을 늘리면 결국에는 내가 원하는 서울 집을 살 수 있게 된다.

투자금이 적다면 지도를 펼쳐라

지도를 펼쳐서 찾아보면 지방에도 정말 많은 도시가 있다. 거기에도 사람들이 살고, 사람들이 선호하는 입지가 있다. 부동산 가격은 수요가 몰리면 올라갈 수밖에 없다. 서울·수도권의 경우 다른 요인들도 중요하지만 일자리로 연결되는 교통이 집값에 큰 영향을 끼친다. 또한 2주택 이상일 경우 부과되는 8퍼센트 이상의 취득세도 큰 부담이다.

내 집이 하나 있는데 서울·수도권에 집을 하나 더 사면, 2주택 중과로 취득세가 8퍼센트다. 만약 6억짜리 집을 산다고 하면 거의 4,800만 원을 취득세로 내야 한다. 이 경우 취득세로 낸 금액보다 훨씬 많은 수익을 내야 한다.

하지만 지방은 그렇지 않다. 우선 지방에서는 교통이 큰 영향을 주지 않는다. 지하철역이 있든 없든 집값에 큰 영향이 없다. 웬만한 곳은 차로 1시간 이내에 갈 수 있기 때문이다. 오히려 교통보다 학군, 아파트의 연식, 브랜드, 상권 등이 더 많은 영향을 끼친다. 그리고 지방의 비조정지역은 2주택까지는 취득세 중과가 되지 않는다. 1주택인 사람이 투자를 위해 하나를 더 매수해도 취득세는 1~3퍼센트다. 그게 정말 큰 장점이다.

이제 수도권 밖으로 눈을 돌려 지방 소도시들의 가격을 살펴보자. 2021년 하반기 현재 목포시 옥암동은 목포에서 입지 순으로 1등인 곳이다(그림 3-2). 그런데도 대부분이 평당 1,000만 원 이하다. 군산의 1.5군 지역이라 할 수 있는 수송동을 보더라도 아직 평당 1,000만 원이 되지 않는 단지들이 대부분이다(그림 3-3).

이곳들은 지역 내에서 학원가, 학군, 상권이 잘되어 있어 선호되는 곳이다. 이렇게 지도를 펼쳐서 보면 서울·수도권이 아니라도 지방 소도시에서 선호되는 곳 중에 아직도 너무나 저평가된 곳들이 많음을 알 수 있다.

나도 처음에는 무조건 서울·수도권에 있는 아파트에만 투자해야 한다고 생각했다. 하지만 돈이 부족했기 때문에 포기할 수밖에 없었다. 당시 대부분의 부동산 책에서는 지방 아파트를 사지 말고 서울·수도권의 입지 좋은 아파트를 사라고 했다. 그런 곳들의 아파트가 좋다는 것은 당연히 알고 있었지만, 사고 싶어도 수중에 그만큼의 돈이 없다는 게 문제였다. 요즘에는 지방에도 수도권만큼 비싼 아파트가 있기는 하지만, 커피값 줄이고 사교육비 줄여서 투자할 수 있는 곳이 아직 많이 남아 있다. 그렇게 투자한 곳이 현재 수익률 300퍼센트 이상이 됐다. 이런 곳들은 상승의 흐름이 오면 가격이 금방 뛰어버린다. 그러니 오르는 지역과 아파트를 알아볼 수 있어야 한다.

〈그림 3-2〉 목포시 옥암동의 매물 시세

출처: 네이버부동산

〈그림 3-3〉 군산시 수송동의 매물 시세

출처: 네이버부동산

가장 중요한 것은 지역 선정이다. 그저 감으로 지역을 선정하는 게 아니라 데이터를 기반으로 오를 만한 곳을 찾는 것이다. 결국 부동산은 데이터와 타이밍이다. 그런 타이밍을 잡으려면 평소에 열심히 데이터를 쌓고 손품을 팔아야 한다. 전국의 지도를 살펴보고 손품을 파는 만큼 숨어 있는 보석 지역과 아파트를 찾을 확률은 높아질 것이다.

그렇다면 어떻게 수많은 전국의 도시 중에서 2년 안에 반드시 오를 수 있는 저평가 지역을 찾을 수 있을까? 이런 도시들은 앞으로 소개할 네 가지 특징을 모두 지니고 있다. 다음 장에서 살펴보자.

2년 안에 무조건 오를 지역의 특징 4

부동산 투자할 때 가장 먼저 해야 할 일은 저평가 지역을 찾는 것이다. 저평가 지역이란 무엇을 말할까?

미분양과 공급 과다로 몇 년 동안 하락했다가

이제 막 다시 상승하려고 하는 지역

왜 이런 지역을 찾아야 할까? 향후 상승이 100퍼센트 확실하기 때문이다. 하지만 대부분은 현재 미친 듯이 상승하고 있는 지역에 관심을 갖지, 그동안 하락해온 지역에는 관심이 없다. 특히 그 지역에 사는 실거주자들은 더더욱 그렇다. 몇 년간 하락하는 것을 봤기 때문에 겁이 나서 사지 못한다. 하지만 기회는 이런 저평가 지역에 있다.

저평가 지역은 아직 제대로 상승하지 못한 곳이므로 이미 상승한 곳보다 적은 투자금으로 더 많은 수익을 기대할 수 있다. 전세가가 먼저 상승하면 매매가와의 격차가 좁혀지는 시기가 온다. 이 지표들만 잘 알아도 이때가 투자의 골든 타임이라는 것을 알아차릴 수 있다.

실제로 3,000만 원으로도 새 아파트를 매수할 수 있다. 하지만 이 시기가 지나면 매매가와 전세가가 다시 벌어지기 시작한다. 전세가가 매매가를 밀어 올리기 때문이다. 따라서 다음의 지표를 확실히 공부해야 골든 타임을 놓치지 않는다.

특징 1. 매매가격지수가 반등한다

매매가격지수는 한국부동산원이 지역 아파트 평균 가격을 기준인 '100'으로 삼고 이후 상승 또는 하락 정도를 쉽게 알 수 있게 측정한 값이다. 어떤 지역을 본다고 할 때 모든 아파트 단지를 비교할 수는 없다. 그래서 만든 것이 매매가격지수다. 그 지역의 표준이 되는 아파트를 정해서 평균을 낸 값이다. 매매가격지수를 활용하면 지역과 지역끼리 비교가 용이하다.

부동산은 절대평가가 아니고 상대평가다. 특정 지역 하나만 봐서는 이곳이 현재 고평가인지 저평가인지 알 수 없다. 비교를 해봐야 알 수 있다. 고평가된 지역을 잘못 선택하면 고점에 매수하게 된다. 고점에서 매수했을 경우 그 지역이 하락으로 전환되면 매도도 하지 못하고 역전세를 맞는 등 힘든 시간을 보내야 할 수도 있다. 그러므로 꼭 지역끼리 비교해보고 저평가 지역을 찾아야 한다.

아파트 매매가격지수 그래프를 볼 때는 최소 10년간의 흐름을 봐야 한다. 10년이라는 시간 동안 부동산이 상승하기도 하고 하락하거나 보합 상태에 머물기도 한다. 어느 지역이든 계속 상승만 하는 곳은 없다. 매번 우여곡절을 겪으면서 상승해나간다. 그리고 인근 지역끼리는 같은 흐름을 보인다. 예를 들어 서울, 인천, 경기를 생각해보자(그림 3-4). 이곳들은 인접한 지역으로 계속 유동성을 주고받는다. 흐름의

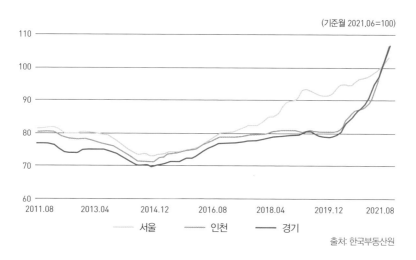

〈그림 3-4〉 10년간의 서울·인천·경기 아파트 매매가격지수(2011-2021)

(기준월 2021.06=100)

출처: 한국부동산원

속도에는 차이가 있지만 10년간의 매매가격지수 그래프를 보면 결국 서로 유사한 흐름을 보인다는 것을 알 수 있다.

하지만 각 도시마다 상승 속도의 차이가 있기 때문에 시점마다 저평가된 도시가 발생한다. 2020년 9월부터 2021년 6월까지는 세 도시 중 인천이 가장 저평가되었다. 이 시점에서는 인천에 관심을 가져야 한다. 하지만 2021년 6월 이후는 인천, 경기도의 상승에 비해 서울의 상승 흐름이 뒤처지고 있음을 알 수 있다. 이 흐름이 계속된다면 결국 서울이 더 저평가되기 때문에 서울에 관심을 가져야 한다.

매매가격지수를 볼 때는 인근 지역끼리 그룹을 지어 비교한다. '서울·경기·인천, 부산·울산·경남, 대구·경북, 충북·충남, 전남·전북, 광주, 강원, 제주'로 나눌 수 있다. 그룹을 나누는 기준은 도시들이 접해 있느냐다. 광주, 강원, 제주는 바로 옆에 붙은 도시가 없기 때문에 독자적인 흐름을 보인다.

거리상 인접한 도시들은 상승장이 오면 유동성을 주고받는다. 경남 김해는 창원의 베드타운으로서 창원과 유동성을 주고받는 지역이다. 양산은 부산과 유동성을 주고받는다. 이렇게 연동되는 지역들은 그 도시의 크기보다 훨씬 더 큰 유동성을 갖게 된다. 그만큼 상승의 흐름이 더 커지고 상승이 오래 지속된다.

특징 2. 미분양이 줄어든다

미분양은 건설회사에서 분양을 했는데 1순위, 2순위까지 갔는데도 소진되지 못한 물량을 말한다. 미분양은 아파트 투자 결정을 할 때 가장 우선하여 봐야 하는 지표다. 미분양이 쌓인다는 것은 그 지역의 실수요자들이 더는 집을 사지 않는다는 증거이기 때문이다. 미분양이 발생하는 경우는 두 가지다. 첫째는 현재 그 지역에 제대로 된 상승 흐름이 오지 않았을 때이고, 둘째는 오랫동안 상승하여 더는 집을 살 수요가 없을 때다.

첫 번째 사례를 보자. 몇 년간 하락했던 지역은 실거주자들이 집을 사지 않고 임대로 살려고 한다. 괜히 샀다가 집값이 더 하락할까 봐 겁이 나기 때문이다. 2020년 상반기에 평택에 임장을 간 적이 있다. 데이터로 봤을 때는 매매가격지수가 저점을 찍고 조금씩 반등하고 있었고, 무엇보다 미분양이 줄어들고 있었다. 이런 상황일 때 저평가 지역을 항상 모니터링하는 투자자들은 매수에 나설 수 있지만, 정작 그 지역에 사는 실수요자들은 겁이 나서 집을 살 생각을 하지 못한다.

미분양이 줄어든다는 것은 그만큼 위험 요소가 점점 감소하고 신축 아파트에 대한 수요가 살아난다는 뜻이다. 그런데도 내가 부동산 중개소에 들렀을 때 실수요자들은 여전히 임대를 구할 뿐 매수할 생각은 하지 않는 것으로 보였다.

그 지역의 상승을 확신하게 되면 남아 있는 미분양 물량에 가장 먼저 관심을 갖는다. 입지가 좋은 단지부터 소진되기 시작하는데 몇 년간 쌓여 있던 물량이 일시에 급감한다. 이때가 정말 좋은 타이밍이다. 미분양이 극적으로 감소한다는 것은 매수 심리가 빠르게 회복되고 있다는 방증이기 때문이다.

저평가 지역이었던 경남의 대표 도시인 창원을 보면 2021년 미분양이 급감하고 있다는 걸 알 수 있다(그림 3-5). 2016년 이후 창원의 미분양이 급증하자 매매가격지수가 계속 하락했다(B). 반면 2019년 10월부터 미분양이 감소하자 매매가격지수가 상승하고 있다(C). 미분양이 증가하면 매매가격지수는 하락하고, 미분양이 줄어들면 매매가격지수는 상승한다는 걸 알 수 있다. 그림에 보이는 A, B, C 지점이 매매가격지수와 미분양 물량이 극적으로 대비되는 때를 표기한 것이다.

두 번째 사례, 즉 오랫동안 상승하여 더는 집을 살 수요가 없을 때를 보자. 이때는 매도 타이밍을 잡아야 한다. 몇 년 동안 계속 상승해왔는데 이제 더는 집을 사줄 수요가 없다면 가장 먼저 미분양이 발생하기 시작한다. 입지가 좋지 않은 단지들에서부터 미분양이 난다. 그러다가 점차 입지가 좋은 단지들에서도 미분양이 나고 기존 분양권에 붙어 있던 프리미엄이 떨어지기 시작한다. 그러면 재건축 프리미엄도 떨어지고 기존 아파트도 하락으로 돌아선다. 그러니 항상 미분양을 잘 체크해야 한다. 그동안 잘 상승해왔던 지역이라도 언제까지 상승만 할 수는 없다. 갑자기 미분양이 나기 시작한다면 왜 미분양이 쌓이는지 수시로 체크하면서 매도 타이밍을 노려야 한다.

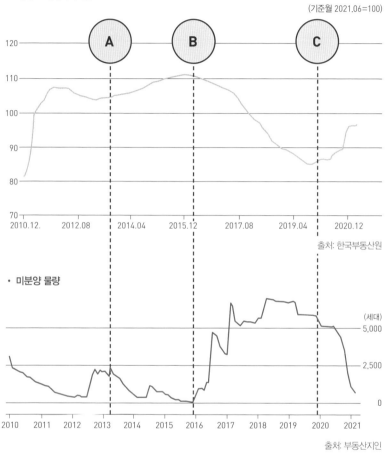

• 아파트 매매가격지수

(기준월 2021.06=100)

출처: 한국부동산원

• 미분양 물량

(세대)

출처: 부동산지인

　　2021년 하반기 대구가 그런 분위기였다. 입지가 좋지 않은 단지들에서 미분양이 발생하기 시작했다. 대구는 최근까지도 계속 상승해왔던 곳이다. 그런데 갑자기 미분양이 발생한 이유가 뭘까? 가장 큰 이유는 분위기가 좋다고 분양회사에서 분양가를 계속 올리고 공급을 늘렸기 때문이다. 이렇게 분양가를 계속 올리면 처음에는 그것을 받아주는 수요가 많다. 하지만 어느 정도 한계점에 다다르면 더는 받아줄 수요가 없어져 미분양이 발생한다.

2007~2009년에 대구는 '미분양의 무덤'이라고 불리기도 했다. 아무도 집을 사려고 하지 않았다. 그만큼 무서운 게 미분양임을 기억하고, 아파트 투자 결정을 할 때는 항상 체크해야 한다.

특징 3. 입주 물량이 급락한다

아파트 투자 결정을 할 때 입주 물량을 잘 봐야 한다. 앞으로 2년 내 그 지역에 얼마나 공급되는지를 보면 된다. 공급이 많아지면 가장 먼저 전세가에 영향이 간다. 전세가가 보합이 됐다가 하락을 한다. 이것이 매매가에도 영향을 줘서 동반 하락으로 이어진다. 하지만 다시 공급이 부족해지면 임대 수요가 많아진다. 전세 물건이 부족해지면 전세가가 올라가고 결국 매매가를 밀어 올리게 된다. 그래서 향후 2년 내에 입주 물량이 많은지 적은지를 반드시 체크해야 한다.

첫 번째로 입주 물량을 예상할 수는 있는 인허가 실적을 봐야 한다. 인허가 실적은 국가통계포털 사이트(kosis.kr)에서 확인할 수 있다. 인허가 실적은 2~3년 뒤 공급되는 물량이라고 생각하면 된다. 인허가

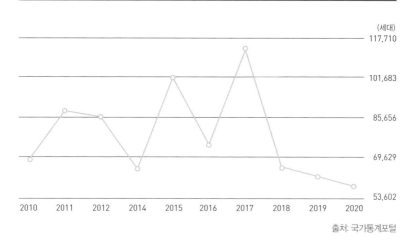

〈그림 3-6〉 서울 주택건설 인허가 실적

```
                                                                    (세대)
                                                                    117,710
                                              ○
                                             ╱ ╲
                        ○                   ╱   ╲
                       ╱ ╲      ○          ╱     ○ 101,683
          ○──────○   ╱   ╲    ╱          ╱
         ╱          ╲╱     ╲  ╱          ╱
        ╱                   ╲╱          ╱          85,656
       ╱                     ○ 69,629
      ○                                   ○──────○
                                                   ╲──────○
                                                            53,602
  2010   2011   2012   2014   2015   2016   2017   2018   2019   2020
```

출처: 국가통계포털

실적이 많으면 2년 뒤 공급이 많아지기 때문에 매매가와 전세가가 하락한다. 반대로 인허가 실적이 적으면 2년 뒤 공급이 줄어들기 때문에 매매가와 전세가가 상승한다. 서울의 인허가 실적 그래프를 보면 2017년 11만 가구로 정점을 찍고 절반가량 줄어들어 2020년 5만 가구 정도임을 알 수 있다(그림 3-6). 이것만 보더라도 향후 2년 뒤 서울은 여전히 공급 부족이라는 것을 알 수 있다.

둘째로 몇 년간 누적된 물량이 있는지를 봐야 한다. 공급이 계속 줄었는데 일시적으로 공급이 잠깐 늘어나면 현재 살아나고 있는 수요에 의해 충분히 소진될 수 있다. 하지만 몇 년간 누적된 공급이 많다면 그것을 받아줄 수요가 없기 때문에 위험하다. 수요가 적정 수요보다 많은지 적은지를 봄으로써 판단할 수 있다. 적정 수요는 공급을 받아줄 수 있는 수준이다. 적정 수요를 산정하는 방법은 인구수에 0.5퍼센트를 곱하면 된다. 여기서 0.5퍼센트는 출산, 이혼, 사망 등을 고려해서 비율을 잡은 것이다.

인천의 적정 수요를 구해보자. 2021년 하반기 인천의 인구수가 약 293만 6,214명이다. 여기에 0.5퍼센트를 곱하면 적정 수요는 1만 4,681명이 된다. 아파트 투자를 결정할 때는 적정 수요 대비 입주 물량이 많은지 적은지를 꼭 체크해야 한다.

다시 창원의 예를 들어보겠다. 창원의 매매가격지수와 입주 물량의 상관관계를 보면, 입주 물량이 줄어들면 매매가격지수가 상승하고 반대의 경우 하락한다는 점을 확인할 수 있다(그림 3-7).

2013년부터 2015년까지는 적정 수요 이상으로 입주 물량이 있었지만 이전 몇 년간 누적된 물량이 없기 때문에 매매가격지수에 큰 영향을 주지 못했다(A). 하지만 2016년부터는 3년간 적정 수요를 크게 웃돌면서 입주 물량이 누적됐다. 이로 인해 매매가격지수가 급격하게 하락했다(B).

입주 물량을 볼 때 가장 중요한 것은 빨간색 선인 적정 수요다. 창원의 부동산 가격이 2015년 12월부터 2019년 10월까지 하락한 것은 미분양도 계속 증가했지만 입주 물량도 적정 수요 이상으로 많았기 때문이다. 상승장이고 미분양이 없는 지역에 일시적으로 물량이 몰리면 충분히 소진된다. 하지만 공급이 장기간 계속되면 더는 버티지 못하고 하락한다는 사실을 기억해야 한다.

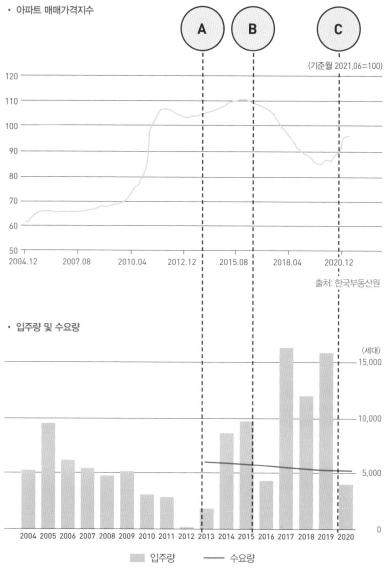

• 아파트 매매가격지수

A   B   C

(기준월 2021.06=100)

120
110
100
90
80
70
60
50
2004.12   2007.08   2010.04   2012.12   2015.08   2018.04   2020.12

출처: 한국부동산원

• 입주량 및 수요량

(세대)
15,000

10,000

5,000

0

2004 2005 2006 2007 2008 2009 2010 2011 2012 2013 2014 2015 2016 2017 2018 2019 2020

입주량   —— 수요량

출처: 부동산지인

특징 4. 청약 경쟁률이 치열해진다

청약 경쟁률은 새 아파트에 대한 그 지역 사람들의 심리를 알 수 있는 지표다. 주변에 공급이 넘치고 미분양도 많은 상황이라면 새 아파트를 분양해도 전혀 관심이 없다. 이런 시기에는 아무리 좋은 입지에 분양해도 미분양이 발생한다. 하지만 미분양이 점점 줄어들고 향후 공급도 줄어들면 심리가 조금씩 회복되기 시작한다. 그러면 가장 입지 좋은 곳에 분양하는 단지부터 청약이 완판되고 경쟁률이 높아진다. 청약 경쟁률이 높아진다는 것은 신축 아파트의 수요가 많아진다는 의미다. 청약 경쟁률이 높아지면 그만큼 당첨되기가 힘들어지므로, 기존에 분양했던 분양권들에 눈을 돌리게 된다. 프리미엄을 주고서라도 사려고 한다. 그러고 나면 나중에 새 아파트가 될 재개발과 재건축의 시세도 상승하게 된다.

청약 경쟁률을 볼 때는 특히 특별공급 경쟁률을 봐야 한다. 특별공급은 평생 한 번만 당첨될 수 있다. 그래서 정말 신중을 기해서 청약을 하게 된다. 특별공급 경쟁률이 높아진다는 것은 그 지역의 상승에 대한 확신이 점점 강해진다는 의미다. 따라서 관심 지역이 있다면 그곳의 특별공급 경쟁률이 어떤지를 꼭 체크하길 바란다.

반대로 청약 경쟁률이 점점 낮아지면 주의해야 한다. 새 아파트에 당첨되고 싶어 하는 수요가 줄어든다는 의미이기 때문이다. 특히 입지가 좋은 곳의 청약 경쟁률이 낮아진다면 그보다 좋지 않은 곳은 미분양이 발생할 확률이 높다. 청약 경쟁률이 얼마인지를 항상 체크하면서 매도 타이밍을 잡거나 옥석을 가리는 작업이 필요하다.

이상의 지표를 분석하는 일이 처음에는 어렵다고 생각될 수도 있다. 그렇지만 이 원리만 알면 어떤 지역이든 대입해서 저평가 지역을 찾아낼 수 있다. 부동산 투자에서는 지역 선정이 가장 중요하다. 2년 안에 저평가 지역을 찾지 못하면 머리에서 사서 무릎에서 팔게 될 수도 있다.

나무가 아닌 숲을 보라는 말은 그만큼 숲이 중요하기 때문이다. 지역 선정만 제대로 되면, 그다음에는 그 지역에서 저평가된 단지를 찾아나가면 된다. 어떤 사람들은 부동산 투자를 공부하는 데에도 요령이 있다고 생각한다. 하지만 요령을 알려고 하기보다 이런 기본 원리를 철저히 숙지하는 것이 중요하다. 기본 원리만 제대로 공부해도 실패하지 않는 투자를 할 수 있다. 앞으로는 이 지표들을 활용하여 저평가 지역을 찾아내는 연습을 할 것이다. 지금 이해하지 못했다고 하더라도 절대 낙심하지 말고 차근차근 따라오면 된다.

부동산 초보가 반드시 알아야 할 손품 도구들

부동산 투자를 위해서 익숙해져야 하는 몇 가지 도구가 있다. 다양한 부동산 사이트와 앱이 있지만 그중에서도 앞서 언급한 매매가격지수, 전세가격지수, 미분양과 입주 물량 추이를 확인할 수 있는 곳을 소개하겠다.

① 한국부동산원(reb.or.kr)

매매가격지수와 전세가격지수를 확인하려면 한국부동산원의 '전국 주택가격동향' 섹션을 이용하면 된다(그림 3-8). 이곳에서는 도시별, 시군구별 등 지역간 그룹을 설정해 비교할 수 있어 편리하다. 그러나 검색 시기와 기준월에 따라 데이터가 조금씩 달라지기도 해 흐름 파악 정도로 사용하는 게 좋다. 이

〈그림 3-8〉 한국부동산원 첫 화면

출처: 한국부동산원

외에도 매매가격지수와 전세가격지수의 격차를 확인하는 단순 비교를 할 때는 KB부동산 자료를 기반으로 한 아실을 사용하기도 한다.

② 아실(asil.kr)과 부동산지인(aptgin.com)

대표적인 부동산 사이트들이다. '아파트 실거래가'를 뜻하는 아실에서는 매물 증감, 최고가 아파트, 갭 투자 증가 지역 등 여러 지표로 부동산 투자자들이 지금 어디에 관심 있는지를 실시간으로 알 수 있다(그림 3-9). 또한 청약 경쟁률도 아실에서 확인하면 편하다.

부동산지인은 전국 기간별 수요/입주 물량을 확인하기에 좋다. 이 책에서는 보통 공급 추이를 볼 때 부동산지인을 활용했다.

이 외에도 호갱노노, 네이버부동산, KB부동산 등 다양한 부동산 사이트와 앱이 많으니 하나씩 다운받아서 살펴본 뒤 목적에 따라 쓰면 된다.

〈그림 3-9〉 아실 홈페이지 첫 화면

출처: 아실

한눈에 쏙쏙 파악하는
부동산 투자의 원리

부동산도 하나의 투자이기에 다른 투자 방법과 유사하다. 저평가된 주식을 발견해야 하는 것처럼 저평가된 아파트를 찾아야 한다.

서울만 하더라도 강남과 강북의 아파트 가격이 천차만별인 것과 같이 대한민국 각 지역마다 사이클이 있다. 앞서 소개한 매매가격지수, 미분양 추이, 입주 물량 지표를 활용하면 각 지역의 상황을 수치화하여 객관적으로 파악할 수 있다.

지금은 확실히 이해가 안 되더라도 다음의 네 단계를 거쳐 저평가 아파트 찾기가 이뤄진다는 것을 숙지해두자.

Step 1. 관심 지역 중 저평가 지역을 찾는다

① 관심 지역 A의 인근 지역 B 또는 C를 선정한 후, 각각의 10년간 매매 가격지수를 비교하며 그동안 하락해온 지역들을 찾는다.

② 매매가격지수의 흐름을 보면서 상승으로 전환된 변곡점을 찾아 체크한다.

③ ②의 변곡점 중 가장 최근 상승 국면으로 전환됐을 뿐만 아니라 전세가
　도 함께 오르고 있는 곳이라면 저평가된 지역이다.

Step 2. 저평가 지역의 세부 지표들을 확인한다

① 입주 물량을 확인한다.

② 미분양 추이를 확인한다.

③ 청약 경쟁률을 확인한다.

입주 물량이 적고, 미분양 수가 줄어들고, 청약 경쟁률이 높아지고 있으
면 저평가 지역이 확실하다. 세 가지 요건이 부합하지 않으면 시간을 두고
지켜봐야 한다.

Step 3. 저평가 지역의 저평가 아파트를 찾는다

① 저평가 지역의 구별 상위 30퍼센트 랜드마크 아파트를 선별한다.

② 그 아파트의 입지적 요건, 지역 세부 호재, 매매가와 전세가의 갭을
　파악한다.

Step 4. 나에게 딱 맞는 아파트 선정한다

① 관심 아파트의 매매가, 실투자 금액 등을 확인한다.

② 급매물이 있는지 확인한다.

2년 안에 무조건 오를
아파트의 특징 5

부동산 공부를 할 때 **빼놓을** 수 없는 게 입지다. 입지가 중요한 이유는 수요를 결정하기 때문이다. 전국에 아파트가 굉장히 많은데도 유독 서울 강남, 인천 송도, 부산 해운대, 대구 수성구의 아파트가 비싼 이유는 입지가 좋기 때문이다. 이런 곳들에는 주요 일자리, 상권, 환경, 학군 등 입지적으로 거의 모든 것이 갖춰져 있어 가격이 비싸다.

　가격이 상승하는 이유는 누구나 이곳에서 살고 싶어 하기 때문이다. 수요는 많은데 물량이 부족하기에 수요에 의해 매매가가 올라가는 것이다. 부산과 대구의 랜드마크 아파트 가격이 예전에는 서울 금천구의 가격과 비슷했지만, 현재는 강서구·동대문구와 비슷하다. 이것을 정량적인 측면에서 본다면 부산과 대구가 고평가라고 할 수 있지만 정성적인 측면에서는 이야기가 달라진다. 정성적인 평가에서 가장 큰 부분을 차지하는 것이 그 지역 내에서 특정 아파트가 가진 입지다. 이런 곳들은 대체할 수 없는 입지에 대한 희소성이 있기에 수요가 가격을 계속 밀어 올리게 된다.

아파트의 가격을 결정하는 입지는 다음과 같은 요인에 의해 결정된다.

- 아이들의 학업 분위기를 결정하는 학군과 학원가
- 슬리퍼 신고 나가서 장을 보거나 쇼핑을 할 수 있는 상권
- 자족도시에 중요한 요소인 일자리
- 도시에서 살지만 좀 더 쾌적한 느낌을 주는 환경
- 미래 지역 발전이 기대되는 개발 및 교통 호재

이것들이 모두 충족되면 가장 완벽하겠지만 그럴수록 가격은 비싸진다. 입지는 이미 아파트의 가격에 반영되어 있기 때문이다. 입지를 볼 때는 두 가지로 나눠 생각해야 한다.

- 현재 입지가 이미 갖춰져서 좋은 곳
- 앞으로 입지가 좋아질 곳

앞으로 입지가 좋아질 곳은 입지의 요소 중 어떤 것들에 변화가 있

는지 미래의 그림을 그려볼 수 있어야 한다. 지금부터 2년 안에 무조건 오르는 아파트의 입지적 특징에 대해 살펴보자.

특징 1. 중학교 학군이 핵심이다

학군은 지역별로 나누어 설정한 몇 개의 중학교와 고등학교 무리를 말한다. 그 학군 안에 있어야 원하는 중학교, 고등학교에 갈 수 있다. 대개 부모는 아이가 초등학교 고학년이 되면 중학교, 고등학교 학군을 생각하게 된다. 면학 분위기가 좋은 중학교에 가려면 일단 그 학군에 속해 있는 아파트로 이사를 해야 한다. 그래서 초등학교 고학년의 학급 수를 보면 인근 아파트의 수요가 많은지 적은지를 판단할 수 있다.

이렇게 선호하는 학군이 있는 곳은 학원가도 잘되어 있다. 상권을 보더라도 유흥 상권이 없고 독서실, 스터디 카페, 학원으로만 구성되어 있다. 공부를 안 하려야 안 할 수가 없다. 같은 반 친구들이 열심히 공부하는 모습을 보게 되므로 덩달아 열심히 하게 된다. 특히 요즘에는 학교 폭력, 왕따 문제 등으로 자녀의 학교생활을 걱정하는 학부모가 많다. 아무래도 학군이 좋은 지역들은 그런 일들이 잘 일어나지 않는다고 생각하기에 더더욱 좋은 학교에 보내고 싶어 한다. 그만큼 면학 분위기가 중요하기 때문에 학군지의 학교에 갈 수 있는 아파트의 가격은 점점 더 비싸질 수밖에 없다.

아실 HOME 순위분석 가격분석 인구변화 입주물량 분양 정책 개발이슈 더보기 ∨

분양 아파트 | ← 학군 리스트

중학교 | 고등학교

비교1 서울 ▼ 서초구 ▼
정원중학교 동덕여자중학교 반포중학교 방비

비교2 서울 ▼ 시구군 ▼
비교지역을 선택하세요

서울 ▼ 시구군 ▼ 중학교 ▼ ⦿학업성취도순 ○진학률순   출처:학교알리미

순위	위치	학교명	응시자수	국가수준 학업성취도 평가 (보통학력이상)				진학률		졸업자수
				평균	국어	영어	수학	특목고 진학률	특목고 진학자수 (과학고/외고/국제고)	
1	광진구 중곡동	대원국제중학교	164명	100.0%	100.0%	100.0%	100.0%	24.3%	40명 (9명/31명)	164명
2	강북구 미아동	영훈국제중학교	157명	98.3%	98.7%	100.0%	96.2%	12.9%	20명 (5명/15명)	155명
3	강남구 수서동	대왕중학교	298명	97.6%	99.0%	97.7%	96.3%	4.2%	13명 (3명/10명)	305명
4	광진구 광장동	광남중학교	389명	97.6%	99.0%	97.2%	96.7%	3.6%	14명 (7명/7명)	387명
5	강남구 압구정1동	압구정중학교	152명	97.6%	98.7%	96.0%	96.1%	8.8%	13명 (5명/8명)	147명
6	용산구 방이동	오륜중학교	269명	97.2%	98.9%	96.5%	94.4%	4.9%	13명 (2명/11명)	261명
7	강남구 대치동	대청중학교	329명	97.1%	97.0%	96.3%	95.7%	5.1%	17명 (8명/9명)	331명
8	양천구 목동	목운중학교	484명	96.4%	98.4%	96.9%	94.0%	4.5%	22명 (12명/10명)	483명
9	양천구 목동	월촌중학교	501명	95.8%	97.4%	96.2%	93.8%	3.3%	17명 (2명/15명)	506명
10	서초구 서초동	서운중학교	348명	95.5%	99.1%	95.7%	91.9%	3.4%	12명 (7명/5명)	344명

출처: 아실

아이의 교육에 신경 쓰는 학부모들은 좋은 중학교에 배정받기 위해 미리 초등학교 고학년 때 그 중학교에 갈 수 있는 아파트로 이사하는 경우가 많다. 성남시 분당구 이매동의 매송중학교를 품고 있는 아름 5단지풍림은 1993년에 준공됐다. 연식이 오래돼 상품성이 떨어지지만 2021년 하반기 37평의 실거래가가 16억 9,000만 원이다. 중학교 학군이 아파트 가격에 어떤 영향을 주는지 이것만 봐도 잘 알 수 있다.

학군은 아실에서 확인할 수 있다. 아실의 학군 섹션에는 중학교와 고등학교별 국가수준 학업성취도 평가와 진학률의 도시 전체 순위가 나온다(그림 3-10). 최근에 중학교 학군은 특목고 진학률, 고등학교 학군은 대학 진학률로 측정하는 추세다. 중학교, 고등학교별로 TOP10

〈그림 3-11〉 평촌의 향촌롯데 인근 학원가

출처: 호갱노노, 네이버지도

을 지도에 표시해보면 어떤 지역에 학교들이 몰려 있는지 알 수 있다. 그런 곳이 학부모들이 선호하는 학군 지역이고, 그것이 집값에도 당연히 반영된다.

 학군만큼 중요한 게 학원가다. 학군이 좋은 곳은 학원가가 잘 발달해 있고 유명한 대형 학원들이 즐비해 있다. 꼭 그 학군에 속해 있지 않더라도 양질의 학원가를 이용하기 위해 멀리서도 오는 경우가 많다. 이렇게 학원가가 잘되어 있는 지역은 학원까지 오가는 시간을 줄여준다는 점에서 집값에 영향을 준다. 안양 평촌 학원가에 가장 인접한 아파트가 향촌롯데다(그림 3-11). 1993년에 준공됐지만 2021년 하반기

33평의 실거래가가 12억 원이었다. 평촌초와 평촌중을 끼고 있고 안양중앙공원이라는 환경도 집값에서 큰 몫을 차지하지만, 무엇보다 걸어서 이런 학원가를 이용할 수 있다는 게 집값에 가장 큰 영향을 줬다는 걸 알 수 있다.

특징 2. 상권이 밀집되어 있다

상권은 우리 삶과 밀접하게 관련돼 있다. 의식주 중에 '주'는 아파트로 해결이 됐지만, 입고 먹는 것은 상권에 의존해야 한다. 우리는 날마다 무엇을 먹을지 걱정하고 무엇을 입을지 고민한다. 이런 고민을 바로 집 근처에서 해결할 수 있다면 금상첨화일 것이다. 집에서 슬리퍼 신고 나가 간단하게 점심을 해결할 수 있고 친구를 만나 커피를 한잔 할 수도 있다. 친구를 만난 김에 근처 쇼핑몰에서 쇼핑도 할 수 있다. 집 근처에 이런 상권이 없다면 일부러 차를 몰고 나가야 한다. 그만큼 아까운 시간을 낭비하게 된다. 상권이 없는 곳에서 계속 살았다면 모르지만, 상권이 좋은 곳에서 한번 살아보면 절대 그곳을 못 벗어날 만큼 편안함에 익숙해진다. 그러므로 상권을 분석할 줄 알면 좋은 아파트를 고를 수 있다.

특히 선호하는 상권은 '항아리 상권'이다. 상권 주변을 주거 배후 세대가 둘러싸고 있는 모습이라고 해서 이런 이름이 붙었다. 이런 곳에

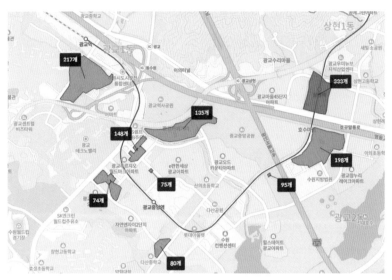

출처: 호갱노노, 네이버지도

는 유통·편의·여가시설 등이 잘 갖춰져 있고, 주변 거주민들과 유동
인구가 이곳에서 지속적으로 소비를 하기 때문에 소비 수요가 타 지역
으로 유출되지 않는다. 밀집된 상권을 갖고 있기 때문에 인근 주민들
의 충성도 높은 소비가 이뤄진다.

　이런 상권은 호갱노노 앱에서 확인할 수 있다. 호갱노노에서 '상권'
메뉴를 누르면 한 도시의 상권을 색깔별로 보여준다(그림 3-12).

　그런데 상권의 개수가 많다고 무조건 좋은 것은 아니다. 개수가 많
은 곳은 상가들이 넓은 지역에 흩어져 있는데 앞서 말했듯 요즘은 한

지역에 밀집된 항아리 상권을 선호한다.

수원시 광교중앙역 인근이 밀집된 상권의 좋은 예다. 카페, 음식점, 영화관, 은행 등이 모여 있어 젊은 사람들이 많다. 쇼핑부터 영화, 식사까지 웬만한 것을 한곳에서 해결할 수 있다.

현재 각 지역 대장 아파트들의 상권을 호갱노노로 보면 많은 지역이 이렇게 밀집된 모습을 보인다. 그만큼 수요가 넘친다는 의미다. 그래서 입지를 볼 때 주변을 돌아보며 상권을 파악해야 하는 것이 중요하다. 요즘에는 카카오나 네이버에서 제공하는 로드맵를 활용하여 현장 분위기를 파악할 수 있지만 직접 현장에 가서 확인하는 게 가장 좋다.

특징 3. 직주근접이 가능하다

아파트 인근에 있는 일자리도 체크해야 한다. 아무래도 직주근접이 되는 곳을 선호하기 때문이다. 직주근접은 직장과 주거지가 근접한 것을 말한다. 주거지와 직장이 멀더라도 직장까지 갈 수 있는 교통편이 발달한 곳은 직주근접이 좋은 곳이라고 할 수 있다. 수도권에서 서울 강남을 지나는 교통 호재가 나올 때마다 집값이 들썩이는 게 바로 그 때문이다.

누구나 서울에서 살고 싶어 하지만 비싼 집값을 감당할 수 없거나 좀 더 쾌적한 환경을 원해서 수도권에서 거주하는 경우도 많다. 직장이 서울 강남에 있다면 한 번에 갈 수 있는 교통편이 있는 곳을 선택할 수밖에 없다. 이에 비해 지방에서는 수도권만큼 교통이 큰 영향을 주지는 않는다.

고급 일자리가 있으면 그 인근에 주거지가 발달하게 된다. 대표적으로 판교가 그렇다. 판교는 주거지로서의 역할뿐만 아니라 자족도시로서의 역할도 하는 곳이다. 판교테크노밸리에는 유수의 IT 기업들이 몰려 있다. 현재는 국내 대기업들도 입주했다. 여기에서 일하는 사람들의 수가 판교에서 사는 세대수를 넘어설 정도다. 이런 탄탄한 일자리가 판교의 부동산 가격 상승에 큰 영향을 미쳤다.

특히 지방은 산업단지가 집값에 큰 영향을 준다. 그 지역 내에 산업단지 같은 탄탄한 일자리가 있어야 인구가 유출되지 않고 직주근접 수요로 인한 주택 구입이 증가한다. 충남 천안3산업단지, 삼성SDI, 삼성디스플레이 천안 사업장 바로 옆에 천안 성성지구가 있다. 성성지구의 아파트 가격은 33평 기준 6억 6,000만 원 정도로 천안 대장인 불당동 다음으로 높다(2021년 하반기 기준).

산업단지의 현황을 보는 방법은 두 가지다. 첫째 지방자치단체 홈페이지에 가면 대략적인 정보를 알 수 있다. 산업단지별로 사진과 함께 사업 개요와 공장 현황에 대한 정보가 나온다. 각 산업단지가 어디에 있는지 지도를 보면서 확인하는 것이 중요하다. 지도를 캡처해서 산업단지를 표시해두고 따로 정리하는 방법을 추천한다.

두 번째는 한국산업단지공단 홈페이지(kicox.or.kr)에서 볼 수 있다

출처: 한국산업단지공단

(그림 3-13). 이곳은 전국의 산업단지에 대해 좀 더 자세한 정보를 제공한다. '정보공개' 메뉴로 들어가 '산업단지정보'를 클릭하면 '산업단지통계'를 볼 수 있는데, '국가산업단지산업동향'과 '전국산업단지현황통계'로 나뉘어 있다. 그중 '전국산업단지현황통계'를 클릭해서 이 지역에 어떤 산업단지들이 있고 현황은 어떤지 확인하면 된다. 지도를 보며 위치를 눈에 익히면서 직주근접이 되는 아파트가 어떤 곳인지 확인한다.

특징 4. 주변에 공원이 있다

아파트 인근에 공원이 있는지도 살펴보자. 요즘에는 주변에 공원이 있는 곳을 선호한다. 코로나19 탓에 멀리 나들이를 가기보다는 집 근처의 공원에서 가족과 시간을 보내고 싶어 하기 때문이다. 아파트 인근에 호수공원이 있으면 금상첨화다. 호수공원 일대는 상권이 형성되고 다양한 행사가 열려 그 지역 문화의 중심지가 될 수 있다.

실제로 각 지역을 대표하는 아파트를 보면 인근에 호수공원이 있는 경우가 많다. 광교호수공원 인근의 광교중흥에스클래스, 동탄호수공원 인근의 동탄2하우스디더레이크, 창원 용지호수공원 인근의 용지더샵레이크파크가 그렇다. 이렇게 호수공원 인근의 아파트가 다른 곳에 비해 1~2억 원가량 더 비싸다. 단순하게 녹지만 있는 것보다 호수가 있는 것이 집값에 더 큰 영향을 준다는 점을 알 수 있다.

공원 현황을 파악하는 방법에는 두 가지가 있다.

첫째, 해당 지자체의 홈페이지를 방문하는 방법이다(그림 3-14). 하지만 대개 목록 위주로 되어 있고, 그 지역에 있는 모든 공원을 게재해 놓은 곳이 많다. 아파트 단지 주변이 아닌 곳의 공원들도 다수 포함되어 있다는 뜻이다. 이 목록을 보면서 아파트 인근에 있는 공원을 추려내면 된다.

둘째, 지도를 열어 아파트 인근에 있는 공원들의 위치를 직접 보면서 파악하는 방법이다. 아파트 밀집 지역에 공원이 있어야 언제든 가

출처: 창원관광 홈페이지

족과 나가서 휴식을 즐길 수 있다. 그리고 그런 공원이 있는 아파트를 사람들이 선호한다. 큰 도시라면 지도로 위치를 하나하나 보면서 확인해야 하기 때문에 시간은 많이 걸리지만 아파트와 인접한 공원을 바로 파악할 수 있다는 장점이 있다.

특징 5. 확정된 호재가 있다

호재는 사람들의 심리에 가장 먼저 영향을 준다. 부동산에도 매수 심리가 크게 작용한다. 2020년 4월, 청주시 오창읍에 방사광가속기를 설치한다는 호재가 터졌다. 어떻게 보면 그렇게 큰 호재가 아닐 수도 있지만 조용했던 청주 지역에는 반가운 첨단 산업 개발 소식이었다. 그것이 매수 심리를 자극해서 거래량이 치솟았고 2020년 4월부터 6월까지 매매가격지수가 급등했다. 이로 인해 청주가 2020년 6월에 갑자기 조정지역으로 지정됐다. 그러자 매수 심리가 얼어붙었고 매매가격지수가 보합을 유지하고 있다.

이 사례를 보면 심리가 부동산에 얼마나 큰 영향을 주는지 알 수 있다. 그 심리를 자극하는 것이 호재다. 그래서 그 지역에 어떤 호재가 있는지 평소에 관심을 가져야 한다. 다만, 한 가지 기억할 것은 호재라고 해서 맹신해서는 안 된다는 점이다. 착공하기 전까지는 실현이 될 수도 있고 안 될 수도 있기 때문이다. 하지만 호재가 실현되면 그 지역에 상승의 흐름이 왔을 때 훈풍을 불어넣어 주리라는 것만큼은 확실하기 때문에 뉴스, 부동산 카페 등을 통해서 미리 살펴봐야 한다.

세부적으로 따져보자면 부동산 투자에서 입지가 전부라고는 할 수 없다. 입지보다는 그 지역이 저평가되어 있는지가 더 중요하다. 하지만 저평가 지역을 찾았다면 입지가 좋은 곳이 어디인지를 찾을 수 있어야 한다. 그 지역에서 오랫동안 살아온 주민만큼 그곳을 잘 파악할 수는 없지만 좋은 아파트를 찾기 위해서는 그 지역을 내가 사는 지역만큼 알기 위해 노력해야 한다.

결국 도시는 사람으로 이뤄져 있다. 그 사람들이 도시 내에서 어떻게 살아가는지를 몸소 느끼는 것이 바로 지역 분석이다. 나는 임장을 갈 때면 아파트 인근의 마트에 가서 장을 보고 밥을 먹는다. 그리고 인근 공원에 가서 아이들과 함께 산책을 한다. 그곳에서 사는 사람들은 어떤 동선으로 장을 보고 산책을 하는지 알고 싶기 때문이다.

이렇게 그 도시 안에서 입지를 최대한 분석하면 이 아파트가 왜 저 아파트보다 가격이 저렴한지 이유를 찾아낼 수 있다. 이런 과정이 부동산 투자를 하는 데 나만의 기준을 만들어준다.

서울·수도권과 지방 투자,
무엇이 다를까

모든 집은 입지가 중요하다. 하지만 좀 더 세부적으로 접근하면 서울과 지방의 입지를 바라보는 시각 차이가 분명 존재한다. 예를 들면 경기도는 서울로 연결되는 지하철, 광역버스 등의 교통수단이 입지의 제1요소다. 하지만 지방은 보통 자동차로 이동하기 때문에 교통의 중요도가 차순위로 밀려난다. 서울·수도권 투자와 지방 투자에서 입지 차이는 무엇이며 어떻게 접근해야 하는지 자세히 알아보자.

교통과 일자리

지방 투자에서는 입지의 요소인 교통이 서울·수도권만큼 큰 영향을 주지 않는다. 서울·수도권에서는 주요 일자리들이 서울에 집중되어 있고 수도권에서 그 일자리로 최대한 빠르게 이동시켜주는 교통 호재가 큰 영향을 준다. 하지만 지방은 대부분 자급자족 도시이고 일자리가 서울처럼 한곳에 집중된 게 아니라 분산되어 있다. 자동차를 이용하면 일자리까지 대부분 1시간 정도에 도달할 수 있기 때문에 교통과 일자리 대신 다른 요인들이 더 큰 영향을 준다.

학군과 학원가

인구 100만이 넘는 지방 광역시라면 학군이 집값에 큰 영향을 준다. 대구광역시 수성구의 범어4동, 광주광역시 남구의 봉선동, 울산광역시 남구 신정동·옥동 같은 경우는 실제로 가보면 아파트와 학교, 학원가가 주축을 이룬다. 이런 곳은 구축 아파트라도 가격이 비싸다. 그만큼 교육열이 강하고 그것이 학군에 대한 수요로 반영되기 때문이다. 이런 곳들은 학원가도 밀집되어 있기 때문에 인근 지역에서도 살고 싶어 하는 수요가 넘친다. 그 수요가 결국 가격을 밀어 올리고 하락기에도 하방 경직성을 강화해준다.

반면에 인구가 적은 소도시일수록 학군의 영향보다 학원가의 영향을 더 많이 받는다. 지방 소도시는 1군 입지가 고정되어 있지 않고 이동한다. 브랜드의 신축 대단지들이 생겨나면 그곳이 그 도시의 새로운 신도심인 1군이 되고 예전 1군은 구도심이 된다. 소도시는 추첨제로 중·고등학교를 배정하는 경우도 많고, 학교들도 버스를 이용하면 대부분 짧은 시간에 오갈 수 있을 만큼 집에서 가깝기 때문에 오히려 학원가가 밀집되어 있는 곳을 더 선호한다. 이렇게 도시의 크기에 따라 학군과 학원가가 끼치는 영향은 다르다는 걸 알 수 있다.

상권과 자연환경

지방에 투자할 때는 상권도 중요하다. 지방 도시들은 이동거리가 짧기 때문에 상권이 밀집된 곳이 있으면 그곳으로 수요가 집중된다. 특히 넓게 흩어져 있는 상권보다 밀집된 상권을 더 선호한다. 지방 소도시들의 상권 분포를 보면, 구도심은 상권의 개수는 많지만 흩어진 모습의 상권을 갖고 있고 오래된 상가와 유해 상권이 공존하는 모습인 경우가 많다. 요즘 젊은 사람들이 선호하는 상가들이 밀집되어 있는 상권을 끼고 있는 아파트들은 인기가 높고 결국 그것이 집값에도 반영된다.

지방 도시들은 서울·수도권보다는 아파트를 지을 택지가 많다. 그렇다 보니 주변에 호수공원이 있거나 큰 공원이 있고 영구 조망이 나오는 곳들에 대한 수요가 강하다. 일자리로 이동하는 거리도 서울·수도권보다 가깝기 때문에 이왕이면 좀 더 쾌적한 곳에 살고 싶어 하는 수요가 강하다.

이렇게 서울·수도권과 지방 투자에는 입지의 요소들이 영향을 주는 강도 가 다르다. 이 차이점을 안다면 각 도시들을 이해하기가 좀 더 쉬울 것이다.

부동산 차트 분석, 이렇게 쉬웠어?
: 저평가 지역 찾기

초보자들이 부동산 공부를 할 때 가장 어려워하는 부분이 차트 분석이다. 매매가격지수와 미분양, 입주 물량을 봐야 한다는 건 알겠는데 그 그래프가 무엇을 의미하는지 도통 이해가 안 된다. 이런 점 때문에 지레 겁을 먹고 부동산 공부를 포기하는 이들도 많다. 그러면서 부동산 투자는 전문가들만 할 수 있는 분야라고 한정해버린다. 하지만 부동산 전문가들도 모두 부동산을 전공한 게 아니다. 나 역시 수포자에 문과 출신이라고 고백하지 않았는가.

부동산 공부를 3년 이상 해보면서 방법만 알면 누구나 숫자와 친해질 수 있다는 걸 느꼈다. 다른 사람이 만들어준 차트가 아니라 직접 데이터를 입력해 차트를 만들어보면 훨씬 더 쉽게 해석할 수 있다. 미리 겁먹지 말고 쉬운 것부터 시도해보자.

지역별 랜드마크 아파트를 찾아보자

가장 쉽게 만들 수 있는 것은 랜드마크 아파트 차트다. 랜드마크 아파트는 그 지역을 대표하는 가장 비싼 아파트를 말한다. '선도 아파트'라고 부르기도 한다. 랜드마크 아파트의 특징은 외부 환경의 변화에 큰 영향을 받지 않고 자신이 가진 가치에 의해 움직인다는 것이다. 그 지역에 상승의 흐름이 오면 가장 빨리 상승하고 하락기가 오더라도 끝끝내 버티거나 적게 떨어진다. 항상 수요가 받쳐주기 때문이다.

랜드마크 아파트는 상승의 흐름이 왔을 때 그 지역의 천장을 뚫어주는 역할을 한다. 아파트가 계속 상승만 할 수는 없다. 하락했다가 보합이 됐다가 다시 상승한다. 어느 순간 대장이 쭉쭉 상승해주면 결국 그 다음 순서인 아파트들도 격차를 메우면서 상승하게 된다.

2020년 10월 대구 수성구 범어동의 랜드마크 아파트인 빌리브범어 32평이 15억 2,500만 원이라는 가격으로 천장을 뚫어주었다. 잠시 주춤했던 대구 아파트들이 이후에 격차를 메워가며 상승을 시작했다. 인천 연수구의 송도센트럴파크푸르지오 35평이 2020년 12월 10억 원에 거래됐다. 이렇게 대장이 움직여주면서 다른 아파트들이 점점 더 상승의 흐름을 타게 된다. 그래서 그 지역을 대표하는 아파트만 잘 정리하고 기간별로 얼마나 상승했는지 파악하면 앞으로 어떤 흐름을 보일지 충분히 예상할 수 있다.

랜드마크 아파트를 정리할 때는 신축, 구축, 분양권, 재건축별로 비교한다. 종목마다 흐름의 속도가 다르기 때문이다. 하지만 이것도 어렵다면 5년 차 이내의 신축 아파트로 한정해서 도시들끼리 비교해도 된다. 이 책에서는 5년 차 이내의 신축 아파트를 기준으로 비교할 것이다.

가장 간단하게 랜드마크 아파트를 찾을 수 있는 곳은 아실의 '최고가 APT' 섹션이다(그림 3-15). 지역명을 정하고 평형은 국민 평형인 31~35평으로 검색한다. 이렇게 하면 현재 그 지역에서 가장 비싼 아파트부터 순서대로 정렬된다. 이 순위는 변동될 수도 있다. 지역별로 5년 차 이내의 가장 비싼 아파트들끼리 비교한다고 생각하면 된다.

각 지역별 랜드마크 아파트 데이터를 수집했으면 엑셀 서식에 정리해야 한다(표 3-1). 왼쪽에는 우선 아파트 정보를 적고 네이버부동산에 나와 있는 호가를 적는다. 매물은 여러 가지가 있을 수 있는데 대략 중간층, 중간 가격을 적는다. 만약 저층밖에 없다면 저층을 적어도 무방하다.

가격을 비교하는 부분에는 최근의 실거래가(최근에 거래된 가장 높은 실거래가)와 1년 전의 실거래가를 적는다. 전세도 최고 실거래가를 적는다. 마지막으로 1년 동안의 상승률을 비교한다. 기간은 1년으로 해도 좋고 6개월이나 3개월로 해도 좋다.

〈그림 3-15〉 아파트 순위 분석

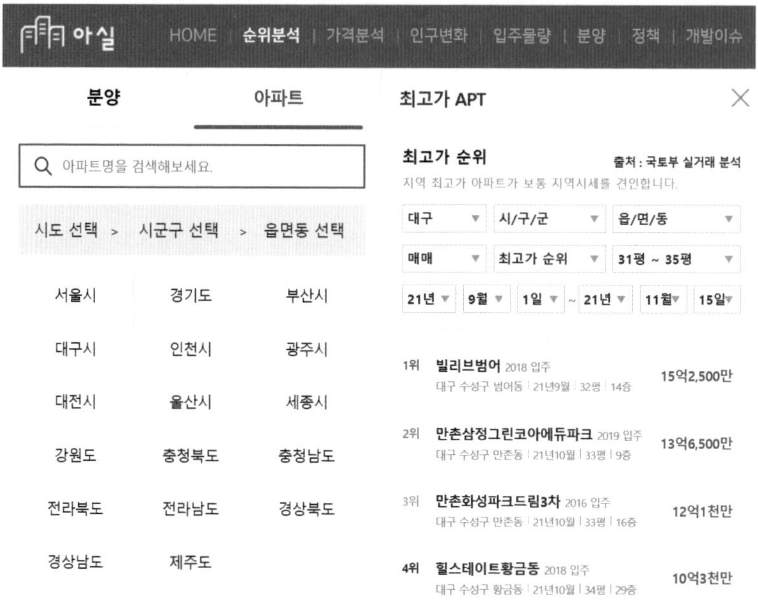

아실   HOME | **순위분석** | 가격분석 | 인구변화 | 입주물량 | 분양 | 정책 | 개발이슈

분양   **아파트**   **최고가 APT**   ✕

🔍 아파트명을 검색해보세요.

최고가 순위   출처 : 국토부 실거래 분석
지역 최고가 아파트가 보통 지역시세를 견인합니다.

시도 선택 > 시군구 선택 > 읍면동 선택

| 대구 ▾ | 시/구/군 ▾ | 읍/면/동 ▾ |
| 매매 ▾ | 최고가 순위 ▾ | 31평 ~ 35평 ▾ |
| 21년▾ 9월▾ 1일▾ ~ 21년▾ 11월▾ 15일▾ |

서울시	경기도	부산시
대구시	인천시	광주시
대전시	울산시	세종시
강원도	충청북도	충청남도
전라북도	전라남도	경상북도
경상남도	제주도	

1위 **빌리브범어** 2018 입주   15억2,500만
대구 수성구 범어동 | 21년9월 | 32평 | 14층

2위 **만촌삼정그린코아에듀파크** 2019 입주   13억6,500만
대구 수성구 만촌동 | 21년10월 | 33평 | 9층

3위 **만촌화성파크드림3차** 2016 입주   12억1천만
대구 수성구 만촌동 | 21년10월 | 33평 | 16층

4위 **힐스테이트황금동** 2018 입주   10억3천만
대구 수성구 황금동 | 21년10월 | 34평 | 29층

출처: 아실

〈표 3-1〉 랜드마크 아파트 정리하기

(단위: 세대, 만 원, %)

아파트 정보								네이버 매물(2021.09)				최고 실거래가			
시	구	이름	연식	세대수	평	향	층	매매	전세	갭	평당	2021.09	2020.09	전세가	상승률
부산	해운대구	마린시티자이	2019	258	34	남서	중	195,000	75,000	120,000	5,735	183,000	118,000	75,000	55
대구	수정구	빌리브범어	2019	227	32	남동	중	155,000	95,000	60,000	4,844	152,500	153,500	78,000	-0.7
울산	남구	문수로아이파크 2차 1단지	2013	597	33	남동	고	130,000	80,000	50,000	3,939	120,000	87,000	62,000	40

142

저평가 대도시 분석하기

지역별 랜드마크 아파트를 비교할 때 꼭 알아야 할 선행 지식이 있다. 바로 지역별 적정 시세 기준이다. 수도 서울을 제외한 경기부터 제주까지, 대한민국 대도시들을 1~5급지로 나눠 지역별로 순서를 매긴 것이다. 1급지에 가까울수록 상급지로 아파트 가격이 하위 급지에 비해 선행된다(표 3-2). 예를 들면 1급지인 경기는 2급지인 인천에 비해 가격이 비싸야 하며, 만약 지표상 가격이 싸다면 1급지 경기는 저평가된 것이다.

〈표 3-2〉 대한민국 지역별 적정 시세 기준

1급지	2급지	3급지	4급지	5급지
경기	인천	대구	울산	광주
	부산	대전	제주	경남
	세종			경북
				충북
				창원

출처: 렘군

이제 앞서 만든 랜드마크 아파트의 엑셀 데이터를 활용해 막대그래프 차트를 만들어보자. 차트를 만들 때는 PPT를 활용하는 게 편하다.

〈그림 3-16〉은 광역시끼리 신축 5년 이내의 가장 비싼 랜드마크 아파트의 가격을 비교한 예시다. 〈표 3-2〉의 내용을 참고해 분석해보자.

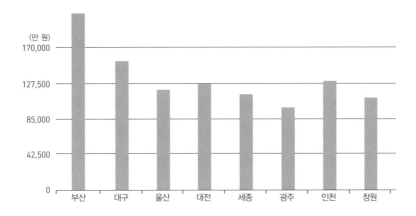

〈그림 3-16〉 랜드마크 아파트 차트로 광역시 비교하기

(만 원)
170,000

127,500

85,000

42,500

0

부산 | 대구 | 울산 | 대전 | 세종 | 광주 | 인천 | 창원

- 인천(2급지)이 대구(3급지)보다 상급지인데 훨씬 저렴해 저평가 지역이다.
- 광주(5급지)와 창원(5급지)이 하급지여도 다른 도시들과 비교해 너무 가격이 눌려 있기 때문에 저평가 지역이다.

이 그래프를 보아 인천, 광주, 창원이 저평가된 것으로 분석된다. 경기는 도시가 워낙 많아 따로 비교해야 한다. 차트를 만들 때는 아래와 같이 구체적 아파트 이름을 써주면 나중에 활용할 때 좋다.

- 부산: 마린시티자이
- 대구: 빌리브범어
- 울산: 문수로아이파크2차 1단지

- 대전: 도룡SK

- 세종: 새뜸마을 11단지 더샵힐스테이트

- 광주: 봉선제일풍경채엘리트파크

- 인천: 송도더샵퍼스트파크

- 창원: 용지더샵레이크파크

저평가 소도시 분석하기

대도시가 지역별 급지를 기준으로 비교했다면 소도시는 인구수를 기준으로 소도시 내에서 그룹을 지어 비교할 수 있다(그림 3-17). 천안·아산(96만 명), 청주(84만 명), 전주(65만 명), 평택(51만 명)을 같이 비

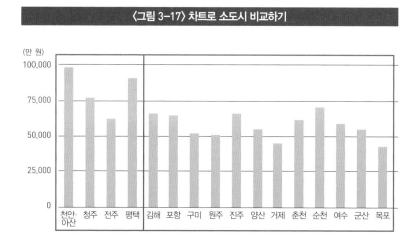

〈그림 3-17〉 차트로 소도시 비교하기

지역	인구수(명)	지역	인구수(명)
천안·아산	96만	진주	35만
청주	84만	양산	35만
전주	65만	거제	25만
평택	51만	춘천	28만
김해	54만	순천	28만
포항	50만	여수	30만
구미	41만	군산	28만
원주	35만	목포	30만

* 해당 인구 수는 사실에 근거한 대략적인 수치임을 밝힘

교하고 나머지 지역끼리 비교한다(표 3-3). 첫 번째 그룹에서는 현재 천안이 가장 비싸고 그다음이 평택, 청주, 전주 순이다. 청주와 전주가 저평가로 보이는데 전주보다는 청주가 더 큰 도시이므로 이럴 때는 청주에 더 관심을 가지는 게 좋다.

두 번째 그룹에서는 현재 김해, 포항, 진주, 순천이 비싸다. 이 도시들이 이렇게 계속 좋은 상승을 보여주면 다른 지역들도 자극을 받게 된다.

포항과 같은 경북 내에 있는 구미는 포항의 상승에 영향을 받으리라고 예상할 수 있다. 여기에서는 구미, 원주, 거제, 군산, 목포가 저평가라는 것을 알 수 있다. 인구수가 적은 소도시라면 주변 대도시의 흐름과 반드시 한 번 더 비교를 해야 한다.

저평가 경기도 도시 분석하기

경기도 내 도시들도 랜드마크 아파트로 비교할 수 있다(그림 3-18). 경기도는 워낙 도시가 많기 때문에 인근 지역끼리 묶어서 비교하는 게 좋다. 예를 들어 구리, 남양주, 의정부, 양주, 동두천이 인접해 있기 때문에 비교를 해보면 양주와 동두천이 나머지 도시들에 비해 저평가되어 있다는 걸 알 수 있다.

랜드마크 아파트를 정해서 차트를 만들면 도시들끼리 비교함으로써 누구라도 쉽게 저평가 지역을 찾아낼 수 있다. 단순히 숫자와 차트가 많다고 두려워하지 말자. 두려움을 이겨내면 초보자도 충분히 숫자와 친해질 수 있고, 간단히 차트로 만들어 분석할 수 있다.

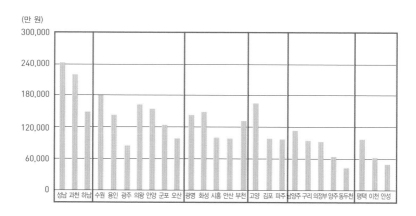

〈그림 3-18〉 차트로 경기도 내 도시 비교하기

부동산 차트 분석, 이렇게 쉬웠어?
: 저평가 아파트 찾기

부동산 공부를 할 때 꼭 명심해야 할 것은 부동산은 상대평가라는 점이다. 하지만 사람들은 비교를 하지 않고 그 아파트 하나의 가격만을 보고 판단하려고 한다. 그렇게 해서는 해당 아파트가 고평가인지 저평가인지 알 수 없다. 지역을 찾는 것도 중요하지만, 그 지역 안에서 아직 덜 오른 단지를 찾아내는 것도 놓쳐서는 안 된다. 이렇게 같은 지역 내에서도 흐름의 차이가 나는 것은 수요 때문이다.

그동안 하락했다가 이제 상승하려는 지역들을 찾을 때 외부 투자자들은 그 지역 내에서 가장 좋은 곳부터 본다. 그래서 그 지역의 1등 아파트가 상승하면, 이를 본 실거주자들도 심리가 점차 회복되면서 매수에 나선다. 이렇게 흐름은 1등에서 2등, 3등으로 번져나간다.

단순히 1등이 많이 올랐다고 해서 그 지역 전체가 너무 올랐다고 생각하는 사람이 의외로 많다. 하지만 이렇게 흐름의 차이가 있다는 점을 알면 같은 지역이라도 아직 상승하지 못한 저평가 단지를 찾아낼 수 있다.

이제 구체적인 특정 아파트를 찾기 전에 먼저 구별 차트를 만들어서 저평가 지역 내에서 아직 덜 오른 '구'가 어디인지 찾아보자. 분석할 지역은 앞서 저평가 지역으로 언급되었던 창원으로 하겠다.

창원의 저평가 지역

창원의 구별 차트를 보면 성산구와 의창구는 많이 올랐지만 마산회원구, 마산합포구, 진해구는 그렇지 않다는 걸 알 수 있다(그림 3-19). 이 지역들이 많이 못 오른 이유는 입지적인 순서의 차이도 있지만 마산합포구의 창원월영마린애시앙 미분양 물량도 영향을 줬다. 이 단지는 2018년에 전체 세대수인 4,298세대가 미분양이 났다.

당시에는 창원 전체적으로 아직 상승의 흐름이 오지 않아 미분양 소진의 속도가 느렸고 최근에 와서야 그 단지의 미분양이 100퍼센트 소진됐다.

구체적으로 각 구의 매매가격지수와 전세가격지수 그래프를 살펴

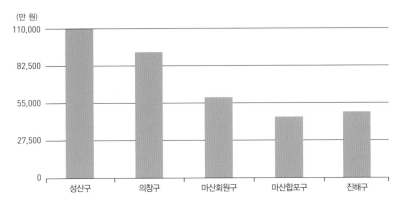

(만 원)

▶ 신축 비교: 성산구 용지더샵레이크파크, 의창구 창원중동유니시티1단지, 마산회원구 메트로시티2단지, 마산합포구 월영SK오션뷰, 진해구 창원마린푸르지오1단지

보자.

우선 의창구의 매매가격지수와 전세가격지수 그래프를 보면 2019년 6월부터 2020년 6월까지 전세가격지수가 매매가격지수보다 위에 있다(그림 3-20). 임대 수요가 받쳐주고 있는 모습이다. 그러다가 2020년 6월부터 매매가격지수가 전세가격지수를 추월해서 창원 내에서 가장 일찍 상승으로 전환했다.

또한 성산구의 매매가격지수와 전세가격지수 그래프를 보면 2019년 6월부터 2020년 7월까지 전세가격지수가 매매가격지수보다 더 위에 있었다(그림 3-21). 그러다가 2020년 7월부터 매매가격지수가 전세가격지수를 추월해서 상승했다. 그렇다면 상승 흐름이 느렸던 다른 구들은 어떤 모습일까?

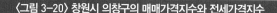

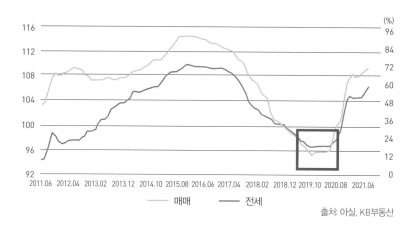

〈그림 3-20〉 창원시 의창구의 매매가격지수와 전세가격지수

출처: 아실, KB부동산

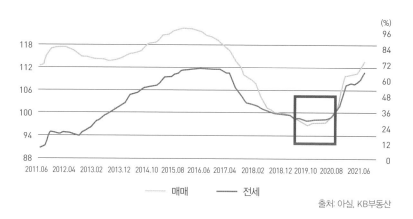

〈그림 3-21〉 창원시 성산구의 매매가격지수와 전세가격지수

출처: 아실, KB부동산

　　진해구는 2019년 4월부터 2021년 1월까지 전세가격지수가 매매가격지수보다 더 높았다(그림 3-22). 그러다가 2021년 2월부터 매매가격지수가 전세가격지수를 추월해서 상승하는 모습이다.

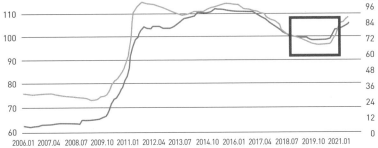

<그림 3-22> 창원시 진해구의 매매가격지수와 전세가격지수

출처: 아실, KB부동산

마산회원구의 2019년 1월~2021년 6월 모습을 보면 전세가격지수가 매매가격지수보다 위에 있다(그림 3-23). 이것은 임대 수요가 받쳐 주고 있다는 의미다. 전세가격지수가 높아져서 매매가와 전세가의 차

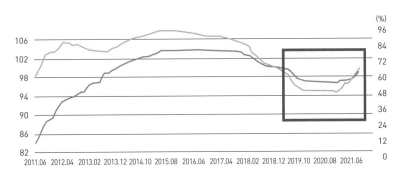

<그림 3-23> 창원시 마산회원구의 매매가격지수와 전세가격지수

출처: 아실, KB부동산

이가 줄어들면 실수요자들은 돈을 좀 더 보태서라도 집을 사려고 한다. 즉 전세 수요가 매매 수요로 전환된다. 이때부터 매매가격지수가 전세가격지수를 추월하게 된다. 2021년 7월부터의 모습을 보면 매매가격지수가 전세가격지수를 추월해서 상승하고 있다.

마산합포구는 2019년 3월부터 2021년 6월까지 모습을 보면 전세지수가 매매지수보다 더 위에 있다(그림 3-24). 마산회원구와 마산합포구가 다른 구보다 상승이 늦은 이유는 그동안 창원 전체에서 가장 미분양이 많았던 곳이 마산합포구였기 때문에 그 영향이 가장 컸을 것으로 보인다. 하지만 최근 미분양의 대부분을 차지하던 월영마린애시앙 물량이 100퍼센트 소진되면서 마산합포구 역시 매매가격지수가 전세가격지수를 추월해서 상승하기 시작했다.

이렇게 한 도시 내에서도 구마다 흐름의 속도가 다르다는 것을 매매

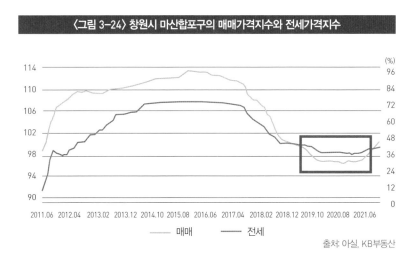

〈그림 3-24〉 창원시 마산합포구의 매매가격지수와 전세가격지수

출처: 아실, KB부동산

가격지수와 전세가격지수 그래프를 통해 알 수 있다. 이것만 알아도 아직 덜 오른 구의 저평가된 단지를 매수할 타이밍을 알 수 있다.

　전북 군산의 예를 살펴보자. 전북 군산시 조촌동을 랜드마크 아파트 차트로 보면 많이 오른 것처럼 보이지만(그림 3-25), 이렇게 상위 동별로 줄을 세워보면 상대적으로 다른 동들이 덜 올랐다는 걸 알 수 있다.

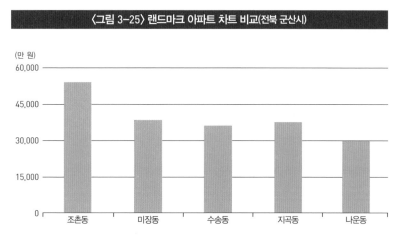

〈그림 3-25〉 랜드마크 아파트 차트 비교(전북 군산시)

▶ 신축 비교: 조촌동 e편한세상디오션시티, 미장동 미장 아파트, 수송동 한라비발디2단지, 지곡동 쌍용예가, 나운동 수송금호어울림

　인천광역시를 구별로 차트를 만들어 비교하면 〈그림 3-26〉과 같은 모습이다. 연수구는 많이 올랐지만 상대적으로 아직 덜 오른 구들이 너무 많다. 이 중에서 연수구 다음으로 입지가 좋고 저평가된 구들을 찾아보자. 이런 구들의 아파트를 줄을 세워보면 해당 구에 위치한 아직 덜 오른 저평가 단지를 찾아낼 수 있다.

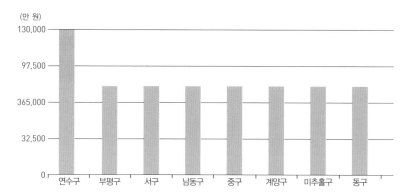

〈그림 3-26〉 랜드마크 아파트 차트 비교(인천광역시)

(만 원)

130,000

97,500

365,000

32,500

0

연수구 부평구 서구 남동구 중구 계양구 미추홀구 동구

▶ 신축 비교: 연수구 송도더샵퍼스트파크, 부평구 래미안부평, 서구 청라한양수자인레이크블루, 남동구 구월아시아드선수촌센트럴자이, 중구 스카이시티자이, 계양구 코아루센트럴파크, 미추홀구 인천SK스카이뷰, 동구 솔빛마을주공2차 1단지

창원의 저평가 아파트

이제 어떤 구가 저평가되었는지 파악했으면 어떤 아파트에 투자할지를 알아보자. 먼저 저평가 아파트를 줄세워야 하는데, 부동산 사이트 부동산지인을 활용하면 된다. 부동산지인 '아파트분석' 메뉴로 들어가서, 면적은 30평대를 비교하기 위해 30~40평으로 맞추고 세대수는 너무 적은 단지를 배제하기 위해 100세대 이상으로 한다.

그렇다면 창원시 성산구를 예로 들어 저평가 아파트를 찾아보자. 평당가로 정렬하면 성산구의 평당가가 가장 높은 단지부터 정렬된다(그림 3-27). 하지만 이렇게 눈으로만 보면 어떤 단지가 덜 올랐는지 잘

〈그림 3-27〉 평당가로 정렬한 모습

출처: 부동산지인

기억이 나지 않는다. 머릿속에 입력하는 과정이 필요하다. 그래서 이
단지들을 〈표 3-4〉와 같이 줄을 세워 상승률을 비교해야 한다.

① 구별 상위 30퍼센트 아파트를 정리한다.
② 각 아파트의 1년간 상승률을 비교한다.
③ 매매가와 전세가 차이를 확인한다.

이 과정을 거쳐 성산구의 동별 대표 아파트를 비교해보면 1년간의
상승률에 차이가 있음을 알 수 있다. 가장 상승률이 낮은 곳은 창원센

(단위: 세대, 만 원, %)

창원		아파트 정보			네이버 매물(2021.09)							최고 실거래가		
성산구	동	이름	연식	세대수	평	층	향	매매	전세	갭	평당	2021.09	2020.09	상승률
	용호동	용지더샵레이크파크	2017.11	883	34	고	남서	110,000	68,000	42,000	3,235	110,000	87,300	26
	용호동	용지아이파크	2017.06	1036	34	고	남서	110,000	65,000	45,000	3,235	110,000	81,800	34
	가음동	창원센텀푸르지오	2018.01	975	33	고	남	87,000	60,000	27,000	2,636	80,500	67,000	20
	가음동	창원더샵센트럴파크1단지	2017.04	386	32	10	남	75,000	55,000	20,000	2,344	72,000	57,000	26
	대원동	포레나대원	2018.12	1530	35	중	남동	80,000	53,000	27,000	2,286	74,000	59,000	25

텀푸르지오다. 평당가가 높은 것을 기준으로 한다면 당연히 용지더샵 레이크파크와 용지아이파크가 좋다. 하지만 우리가 수많은 아파트를 비교하는 것은 아직까지 덜 오른 아파트를 찾기 위함이다. 그래서 이 중에서는 창원센텀푸르지오가 상대적으로 저평가된 단지라고 할 수 있다.

이런 방식으로 다양한 아파트들을 비교한다면 분명히 저평가된 단 지를 찾을 수 있다. 단 이때 주의할 점은 상승률이 가장 낮다고 선택하 면 안 된다는 것이다. 창원센텀푸르지오는 평당가가 어느 정도 높으면 서 상승률이 낮았기 때문에 유망한 단지라고 할 수 있다. 반면 상승률 이 낮다고 평당가가 현저히 낮은 물건을 선택을 해서는 안 된다. 결국 평당가 안에는 입지와 수요가 들어가 있다. 그래서 평당가는 높으면서 아직 덜 오른 단지를 찾아내는 것이 정말 중요하다.

사이클을 알면
절대 실패할 수 없다

전국은 각기 다른 사이클로 움직인다. 한 지역이 미분양과 공급 물량 과다로 하락했다고 생각해보자. 몇 년 동안 하락이 지속되면 우선 매매 수요부터 감소한다. 집값이 계속 떨어질까 봐 겁이 나서 집을 사려고 하지 않기 때문이다. 거래량이 계속 줄어들면 분양을 해도 잘 되지 않고, 청약 경쟁률이 계속 떨어지게 된다. 어느 순간 미달이 나면서 미분양이 더 쌓이기 시작한다. 이런 상황이면 건설사에서는 분양을 미루기 마련이고, 자연스럽게 공급이 줄어들고 주택이 부족해진다.

하지만 아직 매수 심리가 회복되지 않았기 때문에 바로 집을 사지는 않고 전세로 살려는 사람들이 많아진다. 이것이 임대 수요다. 임대 수요가 많아지면 전세가가 올라간다. 매매가와 전세가의 차이가 줄어들면 전세를 알아보던 사람도 '돈을 조금만 더 보태면 집을 살 수 있겠는데?'라는 생각을 하게 된다. 자연스럽게 전세 수요가 매매 수요로 전환된다. 그때 새 아파트인데 팔리지 않고 쌓여 있는 미분양이 보이기 시작한다. 그들에 의해 다시 미분양부터 소진이 되고, 팔리지 않던 매매 물건들도 빠르게 감소한다. 그러면서 매매가와 전세가가 같이 상승하게 된다.

하지만 분위기가 좋다고 건설사에서 다시 분양 물량을 늘리면서 공급이 증가하면, 처음에는 전세가가 안정되고 매매가는 계속 상승하지만 공급이 계속 증가하면서 미분양이 난다. 공급과잉은 가장 먼저 전세가 하락을 가져오고, 미분양으로 매매가가 하락하면서 동반 하락하는 사이클로 가게 된다.

그렇다면 이 사이클이 실제 부동산 시장에서는 어떻게 진행되는지 한번 살펴보자.

사이클 진행 예시: 안산, 부산, 대전, 대구

2018년부터 2020년까지 안산시에 공급이 많았고, 사람들이 집을 사는 걸 두려워하면서 전세가격지수가 매매가격지수보다 먼저 상승했다(그림 3-28, 3-29). 하지만 이렇게 임대 수요가 받쳐주면 전세가와

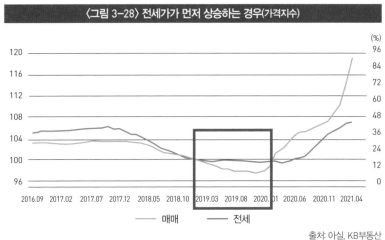

〈그림 3-28〉 전세가가 먼저 상승하는 경우(가격지수)

매매 ── 전세 ──

출처: 아실, KB부동산

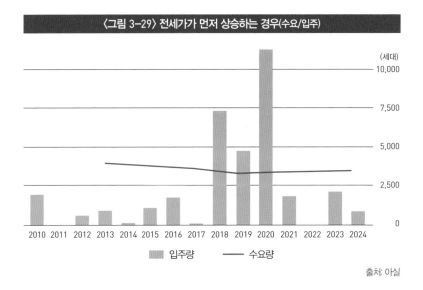

〈그림 3-29〉 전세가가 먼저 상승하는 경우(수요/입주)

입주량 ── 수요량

출처: 아실

매매가의 차이가 줄어들게 된다. 이때는 향후 매매가격지수도 상승할 것이기 때문에 매수할 타이밍이다. 최근 청약 경쟁률, 미분양 물량, 입주 물량을 체크하면서 타이밍을 노린다. 매매가격지수가 상승하는 것을 눈으로 확인하고 매수해도 늦지 않다.

안산은 2019년 8월이 수익을 가장 많이 낼 수 있는 최적의 시기였다. 당시 2025년 신안산선 개통 확정이라는 교통 호재가 명확히 있었다. 그러나 오랫동안 가격이 정체되었고 미디어에서 나오는 안산의 부정적 이미지 때문에 사람들이 매수를 선뜻 선택하지 못했다. 그럼에도 지표는 급격한 상승을 예고하고 있었다.

이때 이런 심리적인 부분을 이겨내고 안산의 좋은 입지 아파트를 매수한 사람들은 단 2년 정도 만에 200퍼센트 이상의 수익률을 올렸을 것이다.

2017년 6월까지 부산은 매매가와 전세가가 동반 상승하다가 2017년 7월 이후 전세가부터 하락하기 시작했다(그림 3-30, 3-31). 그 이유는 입주 물량 그래프를 보면 알 수 있다. 2016년부터 부산의 공급 물량이 적정 수요 이상으로 많아졌기 때문이다. 이처럼 공급은 가장 먼저 전세가에 영향을 준다.

전세가격지수가 하락하자 곧 매매가격지수도 하락으로 방향을 틀면서 동반 하락으로 이어졌다. 이런 경우에는 매매가격지수가 고점이던 2017년 8월부터 11월 사이에 전세가격지수의 하락을 보고 미리 매도 타이밍을 잡아야 한다.

대전은 2019년 1월부터 대세 상승을 시작했다(그림 3-32, 3-33). 입주 물량 그래프를 보면 2019년부터 적정 수요 이하로 공급이 감소했

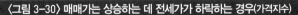

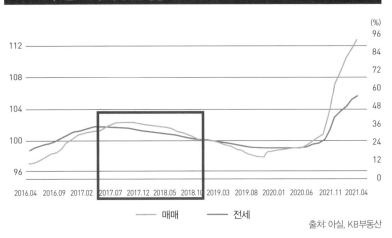

출처: 아실, KB부동산

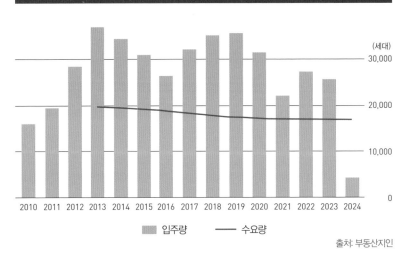

출처: 부동산지인

음을 확인할 수 있다. 대세 상승기는 매도보다 매수하는 시기로 봐야

한다. 하지만 너무 많이 오른 것은 아닌지 다른 지역들과 꼭 비교해봐

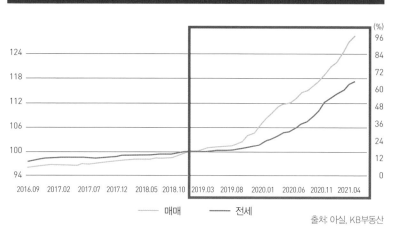

〈그림 3-32〉 대세 상승기의 모습(가격지수)

출처: 아실, KB부동산

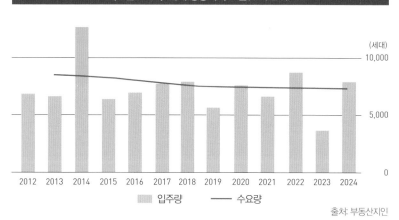

〈그림 3-33〉 대세 상승기의 모습(수요/입주)

출처: 부동산지인

야 한다.

대구는 2015년 12월 고점을 찍고 매매가와 전세가가 하락하기 시작

했다(그림 3-34, 3-35). 입주 물량 그래프를 보면 2015년부터 적정 수

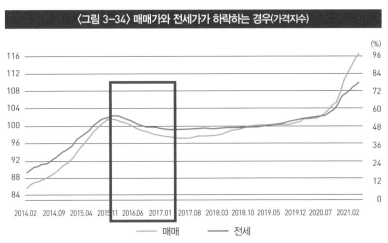

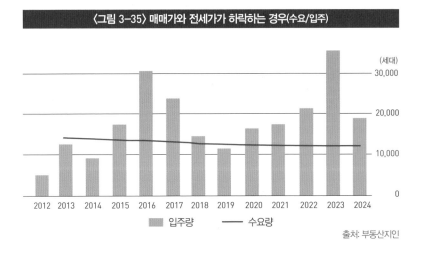

요 이상으로 공급이 늘어났음을 알 수 있다. 이때는 매도해야 하는 타이밍이다.

이렇게 전국은 각기 다른 흐름을 보인다. 예전에 한 수강생이 이런 질문을 한 적이 있다.

"지금 전국이 상승장인데 어디에 투자해야 할까요?"

질문 자체가 잘못됐다. 겉으로는 모든 지역이 상승하는 것처럼 보이지만 아직도 하락 중이거나 보합인 지역들이 분명히 있다. 앞에서 살펴본 대로 각 지역은 각기 다른 사이클로 흘러가기 때문이다.

그래서 실거주와 투자를 분리하라는 것이다. 실거주와 투자를 분리하면 선택지가 정말 많아지므로, 흐름 분석을 통해 저평가된 지역에 투자할 수 있다. 저평가된 지역은 상승의 타이밍이 이제 막 시작된 곳이기 때문에 무엇보다 투자금이 적게 든다. 이 흐름만 잘 파악한다면 매수와 매도 타이밍을 예상할 수 있기에 실패하지 않는 투자를 할 수 있다.

세금 폭탄도
알아야 대비할 수 있다

부동산 공부를 할 때 세금을 빼놓을 수 없다. 요즘은 세금 정책이 워낙 자주 바뀌다 보니 전문가들도 헷갈리기 일쑤다. 세금 폭탄을 맞지 않으려면 평소에 관심을 두고 공부해야 한다.

그렇지만 부동산 투자를 할 때 세금이 전부는 아니다. 세금을 생각하면 실행을 주저하게 된다. 실행하지 않으면 세금도 내지 않지만 돌아오는 수익도 '0원'이다. 세금 공부는 투자를 실행한 후 매도 시 절세를 위해서 꼭 필요한 것뿐이다.

요즘은 양도세에 대한 세무상담을 포기하는 세무사들이 늘어나고 있다. 이들을 '양포세무사'라고 부르기도 하는데, 세금상담을 해줬다가 배상을 해줘야 하는 일이 많아졌기 때문이다. 복잡한 세제의 피해를 국민이 고스란히 안게 된 상황이다. 남에게 의지하지 말고 내가 먼저 제대로 공부해야 세금 폭탄에 대비할 수 있다.

여기서는 가장 기본적인 세금 세 가지를 알아보려고 한다. 취득세, 보유세, 양도소득세다.

매수할 땐 취득세

취득세는 부동산을 취득하는 과정에서 발생한다. 현재 취득세는 주택 수에 따라 중과율이 다르기 때문에 주의를 기울여야 한다. 집을 잘못 샀다가 몇천만 원을 취득세로 내야 할 수도 있다.

취득세에는 농어촌특별세, 지방교육세가 포함된다. 취득세를 계산할 때 취득가액은 부동산 실거래 신고를 한 금액으로 하지만, 신고한 금액이 시가표준액에 미달하거나 신고가액의 표시가 없을 때는 시가표준액으로 계산한다.

취득세는 개정 전만 해도 1~3주택은 주택 가액에 따라 1~3퍼센트였고, 4주택부터 4퍼센트였다. 이것이 2020년 7월 10일 발표된 7·10 부동산대책에서 변경됐다(표 3-5). 2020년 8월 12일부터 취득하는 주택은 '취득세 중과'가 적용된다.

조정대상지역은 2주택부터 8퍼센트, 3주택 이상은 12퍼센트이고

개정 전			개정 후		
개인	1주택	주택 가액에 따라 1~3%	개인	1주택	주택 가액에 따라 1~3%
	2주택			2주택	8%
	3주택			3주택	
	4주택 이상	4%		4주택 이상	12%
법인		주택 가액에 따라 1~3%	법인		

비조정지역은 2주택까지는 주택 가액에 따라 1~3퍼센트이지만 3주택
은 8퍼센트, 4주택은 12퍼센트의 세율이 적용된다. 이러다 보니 주택
의 개수를 늘리는 게 상당히 부담스러운 일이 됐다.

취득세 중과는 분양권에도 적용된다. 2020년 8월 12일 이후 계약하
는 분양권은 그 시점부터 취득세 중과를 계산하는 주택 수에 포함된
다. 만약 조정대상지역의 2주택자가 2020년 8월 12일 이후 분양권
1개를 취득했다면 바로 3주택자가 된다. 분양권을 등기하기 전에 기존
2개의 주택을 매도했더라도 3주택 중과로 12퍼센트의 세율을 적용받
는다.

여기서 취득 시점은 분양권을 승계취득하는 경우 분양권의 잔금일,
분양계약을 체결하는 경우 분양계약일이 된다. 분양권을 취득하려는
경우 취득세 중과를 꼭 염두에 둬야 한다.

보유할 땐 보유세

다음으로 부동산을 보유할 때 내야 하는 보유세가 있다. 2005년부터 주택은 건물과 토지를 통합해서 재산세와 종합부동산세(종부세)를 부과하고 일반건물은 재산세만 부과하고 있다.

우선 재산세는 매년 6월 1일 기준으로 그 부동산을 소유하고 있는 사람에게 과세된다. 재산세는 주택공시가격에 공정시장가액 비율(주택 및 건물은 60퍼센트, 토지는 70퍼센트)을 곱하여 산정된다. 여기에 지방교육세(재산세 납부액의 20퍼센트), 재산세 도시 지역분(재산세 과세표준의 0.14퍼센트), 지역자원시설세가 부과된다. 그리고 종합부동산세는 공시가격 9억 원을 초과하는 주택에만 부과된다.

7·10부동산 대책으로 3주택 이상이거나 조정대상지역 2주택인 경우 1.2~6.0퍼센트로 세율이 인상된다(표 3-6). 이에 따르면 다주택자의 경우 종부세가 급격하게 증가하게 된다. 따라서 부동산을 매수하는 단계에서부터 이 부분을 고려해야 한다.

이런 종부세를 줄일 수 있는 팁이 있다. 바로 명의를 분산하는 것이다. 단독명의일 경우 종부세는 공시가격이 11억 원을 초과하면 낸다. 하지만 부부공동명의일 경우 1인당 6억 원까지 공제해준다. 예를 들어 공시가격 12억 원의 집을 부부공동명의로 소유했다면 1인당 6억 원씩 공제되기 때문에 종부세가 부과되지 않는다. 단독명의일 때는 11억 원까지만 공제되므로 나머지 1억 원에 대한 종부세가 부과된다.

시가 (다주택자 기준)	과표	2주택 이하 (조정대상지역 2주택 제외, %)		3주택 이상 + 조정대상지역 2주택(%)		
		현행	12·16대책	현행	12·16대책	개정
8~12.2억 미만	3억 이하	0.5	0.6	0.6	0.8	1.2
12.2~15.4억 미만	3~6억	0.7	0.8	0.9	1.2	1.6
15.4~23.3억 미만	6~12억	1.0	1.2	1.3	1.6	2.2
23.3~69억 미만	12~50억	1.4	1.6	1.8	2.0	3.6
69~123.5억 미만	50~94억	2.0	2.0	2.5	3.0	5.0
123.5억 초과	94억 초과	2.7	3.0	3.2	4.0	6.0

* 공시가격 현실화율 75~85퍼센트, 공정시장가액비율 95퍼센트를 적용했을 경우

하지만 부부공동명의가 무조건 좋은 건 아니다. 공동명의일 때는 고령자·장기보유특별공제를 받을 수 없기 때문이다. 단독명의일 경우 5년 이상 집을 보유하면 20퍼센트, 10년 이상은 40퍼센트, 15년 이상은 50퍼센트로 오래 보유할수록 공제 혜택이 늘어난다. 여기에 60세 이상부터 받을 수 있는 고령자 공제율도 20~40퍼센트다. 따라서 종부세를 판단할 때는 이 부분도 꼭 고려해야 한다.

매도할 땐 양도소득세

마지막으로 양도소득세는 부동산을 팔 때 내야 하는 세금이다. 양도

구분		개정 전			12·16대책	개정 후	
		주택 외 부동산	주택·입주권	분양권	주택·입주권	주택·입주권	분양권
보유기간	1년 미만	50%	40%	(조정대상지역) 50% (기타 지역) 기본세율	50%	**70%**	**70%**
	2년 미만	40%	기본세율		40%	**60%**	**60%**
	2년 이상	기본세율	기본세율		기본세율	**기본세율**	

세를 낼 때는 지방소득세도 함께 내야 한다. 지난 7·10부동산대책으로 2021년 6월 1일부터 양도세율이 인상됐다(표 3-7).

과거 주택과 입주권에 대해서는 1년 미만 보유 시 50퍼센트, 2년 미만은 40퍼센트이고 2년 이상은 기본세율이 적용됐다. 하지만 2021년 6월 1일부터는 1년 미만 보유 시 70퍼센트, 2년 미만 보유 시 60퍼센트이고 2년 이상이 되어야 기본세율이 적용되는 것으로 바뀌었다.

분양권은 등기를 하기 전까지는 60퍼센트다. 특히 분양권은 등기를 하기 전에 매도하면 양도세 부담이 크므로 등기를 하고 2년 보유 후 일반과세로 양도하는 것이 가장 좋다. 분양권은 등기를 하면 물량이 잠기면서 시세가 상승한다. 2년을 보유하면 분양권인 상태일 때보다 시세도 상승하고 일반과세로 양도할 수 있기 때문에 일석이조의 효과를 볼 수 있다.

아울러 2021년 1월부터는 조정대상지역에서 신규로 분양권을 취득하면 양도세 계산 시 주택 수에 포함된다. 하지만 1주택자가 종전 주택을 취득하고 1년 뒤 분양권을 취득하고 분양권 취득(분양권 당첨일 기준, 명의 변경 시 잔금일) 후 3년 이내에 종전 주택을 양도할 때 비과세가 된다. 만약 신축 주택의 미완공으로 종전 주택을 3년 이내에 양도하지 못했을 경우, 신축 주택 완공 후 2년 이내에 그 주택으로 세대 전원이 이사하여 1년 이상 계속 거주하고 종전 주택을 양도할 때는 양도세 비과세 혜택이 주어진다.

이제 막 부동산 투자를 시작하려는 사람들에게 세금은 큰 허들이다. 투자금도 있고 투자할 아파트도 선택했는데 세금 때문에 실행을 못 하는 사람이 정말 많다. 하지만 실행을 하지 않으면 세금을 내지 않아도 되지만 수익도 발생하지 않는다. 아무 변화도 생기지 않는 것이다.

지금은 은행에 1억 원을 예금해두면 이율을 3퍼센트로 잡아도 이자가 1년에 300만 원도 채 되지 않는다. 하지만 저평가 지역의 저평가 단지를 매수하면 1년에 1억도 넘게 수익을 낼 수 있다. 여기서 세금을 내더라도 몇천만 원이라는 돈이 통장에 들어오게 된다. 세금 공부는 부동산 투자를 실행한 후에 절세를 하기 위해 필요한 것이다. 너무 세금만 생각해서 실행을 미루는 일은 없었으면 한다. 그리고 꾸준히 공부하면 세금도 절대 어렵지 않다는 걸 꼭 기억했으면 한다.

3,000만 원으로 1억 만들기 1
저평가된 지역을 찾아보자

부동산 투자는 하고 싶은데 실행하지 못하는 가장 큰 이유는 투자금이 없어서다. 수강생들과 이야기할 때 항상 하는 말이 있다.

"내가 가진 자금으로 투자할 수 있는 최선의 아파트를 선택하세요."

투자금이 많이 들어갈수록 상승기에 더 많이 오른다. 이런 단지들은 입지가 좋고 수요가 몰리는 곳들이기 때문이다. 수강생들은 그걸 모르는 것은 아니지만 그만큼의 돈이 없다는 게 문제라고 입을 모은다.

이런 수강생들을 만나면서 3,000만 원 정도로 할 수 있는 투자처를 찾기 시작했다. 3,000만 원은 아끼고 아끼면 어떻게든 마련할 수 있는 금액이라고 생각해서다. 3퍼센트의 이자율로 3,000만 원을 신용대출 받는다고 가정하면 매달 7만 5,000원 정도의 이자가 발생한다. 이 정도는 외벌이 가정이라도 충분히 감당할 수 있다고 생각한다.

그렇다면 3,000만 원으로 어떻게 투자를 시작해야 할까?

우선 지역 선정이 중요하다. 투자금이 적게 드는 곳은 그동안 못 올랐던 지역 중 지방 소도시에 많다. 많은 이가 지방 소도시에 대한 편견을 가지고 있다. '그런 곳에 잘못 투자했다가 부동산 가격이 하락하면 어떡하나?'라고 생각할 수도 있다.

하지만 최근의 분위기를 보면 서울·수도권, 지방 광역시 대부분이 조정지역이다. 조정지역이 되면 취득세 중과부터 양도세 중과, 대출 규제 등 부동산 투자를 막는 장애물이 늘어난다. 아이가 있는 가정은 대부분 집 한 채는 보유하고 있다. 그럴 때 조정지역에 투자한다면 바로 취득세 8퍼센트를 내야 한다.

이제 막 부동산 투자를 결심한 초보 투자자가 취득세를 고려하고 투자를 감행하기는 쉽지 않다. 분양권의 경우는 조정지역에서 중도금대출이나 잔금대출을 받는다면 소유권이전등기를 하고 실제로 입주를 해야 한다.

또 2주택 이상 보유 세대는 주택 신규 구입을 위한 주택담보대출이 금지된다. 1주택 세대는 기존 주택을 2년 내에 처분하고 전입하는 조건으로 대출을 받을 수 있다. 이런 상황에서 부동산 투자를 실행하기는 여간 어려운 것이 아니다.

하지만 지방 소도시는 현재 비조정지역인 곳들이 많다. 부동산 투자자들이 규제가 없는 지방 소도시로 몰려들면서 풍선 효과(어떤 부분에서 문제를 해결하면 또 다른 부분에서 새로운 문제가 발생하는 현상)가 나타나고 있다. 돈의 흐름이 지방 소도시에 많이 몰려 있는 상황이다. 부동산의 가격을 상승시키는 요인 중 하나가 유동성이다. 따라서 적은 투자금으로 부동산 투자를 하려는 사람들은 지방 소도시에 관심을 가져야 한다.

전북 소도시의 10년간 흐름

한국부동산원에서 전북 소도시 부동산의 약 10년간 흐름을 살펴보자. 전북에서 김제, 남원, 정읍은 인구가 8~10만 정도로 너무 작기 때문에 제외했다. 군산 인구는 약 28만, 익산은 30만이다.

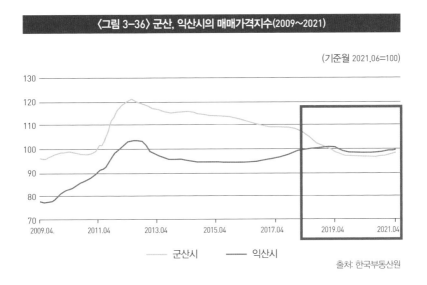

〈그림 3-36〉 군산, 익산시의 매매가격지수(2009~2021)

(기준월 2021.06=100)

출처: 한국부동산원

매매지수는 변동률과 비슷한 개념이다. 인접 도시들은 같은 흐름을 보이지만 도시마다 상승 속도가 달라서 시점마다 저평가된 도시가 나타난다. 2018년 9월부터 2021년 4월까지 군산과 익산을 비교해보면 군산이 저평가다(그림 3-36). 이럴 땐 군산에 우선적으로 관심을 가지는 것이 좋다. 결국 저평가된 도시는 먼저 상승한 도시의 흐름을 뒤따라가게 된다.

군산의 미분양, 입주 물량, 청약 경쟁률

전북 지역 중 그래프상 군산이 저평가된 지역으로 밝혀졌다. 그렇다면 군산에 미분양과 입주 물량 리스크가 있는지 알아봐야 한다.

먼저 미분양 물량을 살펴보니 2019년 5월 616개이던 미분양이 2021년에는 3개로 급감했다(그림 3-37). 즉 군산은 미분양 리스크가 없다. 부동산지인에서 입주 물량을 살펴보니 2021~2024년 군산의 입주 물량은 많지 않고 적정하다(그림 3-38). 이 역시 리스크가 없는 것으로 판단된다.

이제 군산 실수요자들의 심리가 어떤지를 최근 청약 경쟁률을 통해 확인해보자. 군산시 조촌동은 1군 지역으로 입지가 가장 좋은 곳이다. 더샵 디오션시티2차는 1순위에서 완판됐고 경쟁률이 50.62대 1, 당첨 가점 평균이 65점이었다(그림 3-39).

특히 특별공급 청약 접수 현황을 보면 실수요자들의 심리를 확실히 알 수 있다(그림 3-40). 앞서 언급했듯이, 특별공급은 평생 단 한 번만 당첨이 가능하다. 그래서 정말 신중하게 청약을 넣게 된다. 이 단지에 이렇게 특별공급 청약통장을 썼다는 것은 상승에 대한 확신이 있기 때문일 것이다.

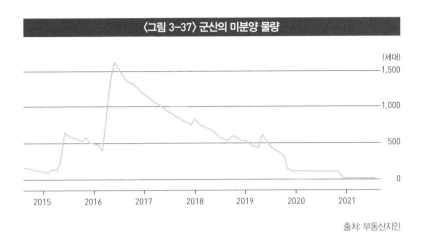

〈그림 3-37〉 군산의 미분양 물량

출처: 부동산지인

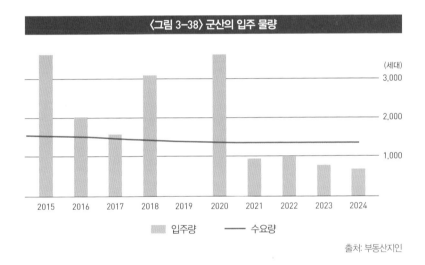

〈그림 3-38〉 군산의 입주 물량

입주량   ——수요량

출처: 부동산지인

　이 지표를 통해서 현재 군산은 1군에는 상승의 흐름이 확실히 왔지만 그 외 지역에는 아직 상승 흐름이 퍼지지 않았다는 것을 알 수 있다. 이것은 반대로 생각하면 투자의 타이밍을 노려볼 기회라는 얘기다.

더샵 디오션시티2차

`민영주택` `분양주택`

관심도 전국 988위, 전북 36위
- 1순위 경쟁률 50.62 (1순위 완판)
- 당첨가점 평균 65.점

청약일 : 2021-02-22 ~ 2021-02-24
당첨발표 : 2021-03-03
입주년월 : 2023년 07월
공급세대 : 771세대
건설업체 : 코리아신탁(주)

출처: 아실

특별공급 청약접수 현황

타입	공급세대	지역	접수건수				
			다자녀	신혼부부	생애최초	노부모	기관추천
84A	219	공급	44	88	31	13	43
		해당	82	680	514	59	36(13)
		기타	15	85	55	9	
		경쟁률	2.2:1	8.7:1	18.4:1	5.2:1	1.1:1
84B	54	공급	11	22	7	3	11
		해당	8	77	41	4	9(3)
		기타	2	20	8	3	
		경쟁률	0.9:1	4.4:1	7.0:1	2.3:1	1.1:1

출처: 아실

3,000만 원으로 1억 만들기 2
저평가된 아파트를 찾아보자

지역을 찾았다면 3,000만 원의 자금으로 투자할 수 있는 아파트를 찾아야 한다. 부동산지인의 '아파트분석' 섹션에서 검색 범위를 다음과 같이 지정한다.

- 면적: 30평대
- 세대수: 100세대 이상
- 평당가 정렬

현재 군산에서 가장 평당가가 높은 아파트부터 정렬한다(그림 3-41). 이 아파트들을 네이버부동산에서 하나씩 검색하며 다음과 같은 정보를 체크한다.

- 매매와 전세의 호가
- 최근 실거래가
- 1년간의 상승률

출처: 부동산지인

이제 투자 대상이 되는 아파트를 찾을 수 있다. 2021년 하반기 기준 투자금 3,000만 원으로 매수 가능한 A 아파트로 추려진다.

이 단지의 최근 실거래가를 확인해보니 32평이 매매가 2억 9,000만 원, 전세가 2억 7,000만 원에 거래됐다. 투자금이 2,000만 원이다. 현재 매물의 호가는 3억 원 정도이므로 전세를 2억 9,000만 원에 맞춘다면 대략 3,000만 원으로 충분히 투자할 수 있다.

2억 9,000만 원(매매가) − 2억 7,000만 원(전세가)

= 2,000만 원(투자금)

이렇게 소액으로 투자할 대상을 찾았을 때 꼭 체크해야 하는 부분이 있다. 이 금액으로 투자했을 때 얼마의 수익이 발생하느냐다. 소액으로 투자할 수 있는 곳은 얼마든지 있지만 그 돈을 투자했을 때 최대한 많은 수익을 줄 수 있는 곳을 찾아내야 한다.

투자 수익률 계산법

수익률을 계산하려면 군산의 랜드마크 아파트와 비교해봐야 한다 (그림 3-42). 현재 군산의 랜드마크 아파트는 군산디오션시티푸르지오다. A 아파트의 현재 가격과 비교해보자.

군산디오션푸르지오의 2021년 하반기 시세는 4억 7,000만 원 정도다. A 아파트는 3억 원 정도다. 즉 A 아파트는 군산 랜드마크 아파트

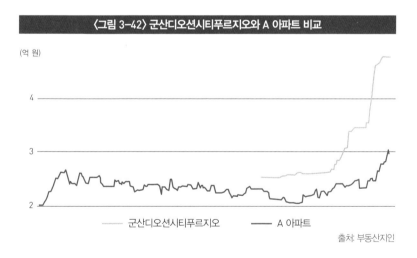

〈그림 3-42〉 군산디오션시티푸르지오와 A 아파트 비교

(억 원)

4

3

2

군산디오션시티푸르지오　━━ A 아파트

출처: 부동산지인

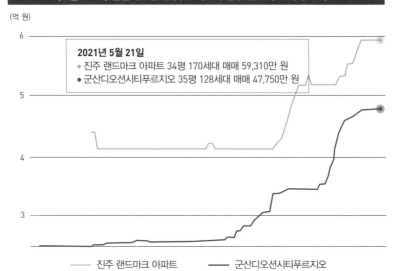

〈그림 3-43〉 군산디오션시티푸르지오와 진주 랜드마크 아파트 비교

(억 원)

2021년 5월 21일
● 진주 랜드마크 아파트 34평 170세대 매매 59,310만 원
● 군산디오션시티푸르지오 35평 128세대 매매 47,750만 원

—— 진주 랜드마크 아파트　　—— 군산디오션시티푸르지오

의 64퍼센트 수준이다. 이 아파트가 앞으로 얼마나 상승할지는 군산 랜드마크 아파트가 얼마나 상승하는지를 봐야 알 수 있다.

　군산은 진주와 비교 대상이 된다. 랜드마크 아파트들의 가격을 비교해보자(그림 3-43). 현재 진주 랜드마크 아파트는 시세가 6억 원 정도다. 그렇다면 군산도 진주 랜드마크 아파트의 가격을 따라갈 수 있다. 군산 랜드마크 아파트가 6억 원이 되면 A 아파트는 64퍼센트 수준이기 때문에 8,000만 원 정도는 충분히 상승할 수 있으리라고 예상할 수 있다. 3,000만 원을 투자해서 8,000만 원의 수익이 난다면, 일단 세금을 고려하지 않았을 때 수익률이 260퍼센트 이상이다. 정말 괜찮은 투자 아닌가.

A 아파트 미래 시세

60,000만 원 × 0.64 = 38,400만 원

A 아파트 현재 시세

47,000만 원 × 0.64 = 30,080만 원

수익률

38,400만 원 − 30,080만 원 = 8,320만 원

만약 투자를 하지 않고 그 돈을 은행에 예금했다면 어땠을까? 3,000만 원을 2년 동안 연 2퍼센트의 이자로 예금했다고 가정해보자. 약 120만 원을 이자로 받게 된다(여기에 이자에 대한 세금을 제하면 약 100만 원이 된다). 이렇게만 보더라도, 은행에 예금하는 것보다 소액이지만 그 돈으로 부동산에 투자하는 것이 훨씬 더 큰 이익이라는 것을 알 수 있다.

실전 사례

3,000만 원으로 1억 만들기 3
저평가된 아파트를 매수해보자

3,000만 원의 투자금으로 어디에 무엇을 살지까지 결정했다면 그 단지에 나온 매물들을 모두 적어봐야 한다. 같은 단지라고 해도 가격 차이가 난다. 엑셀 시트에 네이버부동산 매물(new.land.naver.com)에 나온 매매가, 전세가, 층, 향, 최근 실거래가, KB시세 등을 적는다(표 3-8).

매물을 올린 부동산 중개소의 상호와 연락처도 추가로 정리한다. 소장님들은 자기가 가진 물건이어야 계약이 성사될 수 있게 더 노력한다. 공동중개를 할 경우 중개 수수료를 반씩 나눠야 하기 때문이다.

이렇게 적다 보면 평균 매물 가격보다 저렴하게 나온 물건을 발견할 수 있다. 그렇게 사전 조사를 한 다음 부동산 중개소에 전화한다.

〈표 3-8〉 관심 아파트 정리하기

(단위: 세대, 만 원, %)

군산	아파트 정보							네이버 매물(2021.09)				최고 실거래가		
	동	이름	연식	세대수	평	층	향	매매	전세	갭	평당	2021.09	2020.09	상승률
	조촌동	군산디오션시티푸르지오	2018.03	1,400	34	6	남동	52,000	34,000	18,000	1529	51,300	39,500	30

원하는 매물 정보 얻는 꿀팁

초보자 중에는 부동산 중개소에 연락하는 걸 두려워하는 사람들이 많다. 예전에 수강생이 이런 질문을 한 적이 있다.

"부동산 중개소에 전화해서 원하는 정보를 얻는 방법이 있나요?"

물론 있다. 질문을 잘해야 한다. 우선 처음 전화를 걸었을 때는 이렇게 말한다.

"소장님, 네이버부동산에서 매물을 보고 연락했어요. 혹시 ○○동 ○○호 매물 거래됐나요?"

금방이라도 살 것 같아야 소장님도 적극적으로 대답을 해준다. 부동산 투자를 하려고 한다는 걸 솔직히 말하는 게 좋다. 그래야 거기에 맞는 물건을 추천해준다. 투자자라고 밝힌 후에는 좀 더 적극적으로 물어본다.

가장 중요한 게 전세 상황이다. 부동산 투자를 하게 되면 매매 잔금일에 전세를 맞춰주어야 한다. 전세보증금으로 매도자에게 잔금을 지급하기 때문이다. 네이버부동산에서 전세 물건이 많은지 확인하고 소장님에게도 전세가 잘 맞춰지는지를 체크한다. 최근에 연락했던 소장님은 솔직하게 요즘 전세 맞추기가 어려우니 나중에 투자하라고 이야기해주기도 했다. 전화로도 이렇게 현장의 분위기를 느낄 수 있다.

이곳 말고 비슷한 투자처가 있는지도 물어보자. 꼭 이 아파트가 아니라도 더 좋은 선택지가 있을 수 있다. 부동산은 비교를 많이 해봐야 한다. 비교를 많이 할수록 더 적은 투자금으로 더 많은 수익을 낼 만한 곳을 발견할 수 있다.

이렇게 대화를 하다 보면 특히 마음이 잘 맞는 소장님이 있다. 그런 곳은 예약을 하고 직접 찾아가서 상담하면 된다. 갑자기 찾아가면 다른 물건을 계약하고 있을 수도 있고 외출 중일 수도 있지만, 예약을 하면 그날에 맞춰 매물들을 정리해둘 수 있으니 서로에게 좋다.

부동산 중개소 문 열기 100미터 전

현장에 가서는 바로 부동산 중개소부터 들어가지 말자. 이 지역이 처음이라면 우선 랜드마크 아파트부터 보고 오자. 랜드마크 아파트인 이유가 분명히 있다. 그 아파트를 보면서 왜 이곳이 1등인지를 계속 살펴보자. 그 지역의 1등 아파트부터 순서대로 보면 나머지 아파트가 1등보다 부족한 것이 뭔지 구체적으로 비교할 수 있다. 그러고 나서 아파트 주변 환경을 살펴보자. 걸으면서 교통, 상권, 학교 등을 살펴보면 좋다.

- 주출입구가 잘되어 있는가?
- 주변 상권은 잘 형성돼 있는가?
- 초등학교, 학원가가 가까운가?

- 단지 대지와 동 간 간격은 여유로운가?
- 지하주차장, 조경, 커뮤니티 시설은 잘 관리되는가?

부동산 중개소에 들어갈 때 가장 중요한 게 자신감이다. 눈빛만 봐도 초보자인지 고수인지 알 수 있다. 문을 열기 전에 마음속으로 이렇게 생각하자.

'나는 이 아파트를 살 수 있을 정도로 충분한 돈이 있다!'

동시에 내가 얼마 정도 부동산 투자에 사용할 수 있는지 금액을 정확하게 설정하고 부동산 중개소에 들어가는 것도 도움이 된다. 부동산 중개소에 들어가면 소장님들은 투자금이 얼마인지 먼저 물어본다. 이때 단순히 정보 수집 차 부동산에 방문한 거라면 가상으로 금액을 설정해서 말해도 상관없다.

마음의 준비가 됐다면 부동산 중개소에 들어가서 소장님에게 아파트에 대한 전반적인 입지 설명을 부탁한 뒤 미리 생각해둔 질문을 한다. 현재 나와 있는 매물의 매매가와 전세가를 물어보고 메모를 한다. 전세는 잘 맞춰지는지, 투자자들이 많이 오는지, 실거주자가 거래를 많이 하는지 등 현지 분위기도 물어본다. 이렇게 질문하고 바로 그 자리에서 결정하지 말자. 가족과 상의하겠다고 하고 나오면 된다.

그 자리에서 결정하지 말라고 하는 이유는 다른 곳에 더 가격이 저렴한 매물이 있을 수도 있고, 소개받은 매물들을 한번 정리할 시간이 필요하기 때문이다. 부동산 중개소 몇 군데를 더 들러서 매물을 물어보고 집이나 조용한 곳으로 가서 정리한다. 매물이 추려지면 다시 연락해서 그 집을 직접 꼼꼼히 보고 최종적으로 결정하면 된다.

편견에 굴복하지 마라

부동산 투자를 할 때는 무엇보다 자신만의 확신이 중요하다. 처음 투자하는 사람들은 실행 전에 주변 사람들에게 조언을 구하곤 한다. 확신이 없기 때문에 확인을 받고 싶어서다. 하지만 주변에 말했을 때 부정적인 대답을 들을 확률이 훨씬 높다. 대개 조언을 구하는 상대는 가족이나 직장 동료다. 평소 부동산에 관심이 있는 사람이라면 괜찮지만 그렇지 않은 경우가 더 많다. 특히 저평가 지역인 경우는 더더욱 부정적으로 볼 확률이 높다. 이런 지역들은 몇 년 동안 하락했던 곳이기 때문에 부동산을 잘 모르는 사람들은 그런 곳에 왜 투자하려고 하는지 이해를 하지 못한다. 투자 경험이 없는 초보는 주변의 말 한마디에 흔들리기 쉽고, 결국 투자를 포기하게 된다.

예전에 이사를 가기 위해 주변 새 아파트를 알아본 적이 있다. 계약 직전에 가족들에게 이 아파트를 사려고 한다고 말하면 항상 부정적인 반응이 돌아왔다.

"요즘 새 아파트는 너무 좁게 나와."

"지금 사는 아파트가 훨씬 좋아."

그렇게 마음이 흔들려서 놓친 곳이 한두 군데가 아니다. 하지만 그런 곳들이 몇억씩 오르는 걸 보고 그때 사지 못한 것을 정말 많이 후회했다. 처음 투자하려는 사람들은 절대 주변에 조언을 구하지 않았으면 한다. 그동안 공부해왔고 확신이 생겼다면 혼자 실행해보자. 두려운 것은 당연하다. 그렇지만 누군가에게 의지하지 않고 혼자서 그 과정을 다 거쳐봤을 때, 그것이 자신만의 기준이 된다. 부동산 투자를 한 번만 하고 그만두는 사람은 없다. 특히 투자한 아파트가 상승한 것을 보게 되면 계속 투자하고 싶어진다.

당부하고 싶은 것이 있다. 이렇게 해서 첫 투자를 했다고 공부를 멈춰서는 안 된다는 것이다. 투자를 실행하면 수중에 돈이 없어지고, 그러면 공부할 의욕이 생기지 않는다. 하지만 공부에 손을 놓아버리면 정말 기회가 왔을 때 확신이 생기지 않아 놓치게 된다. 나는 지금도 주말마다 가족과 함께 임장을 가고 매일 전국을 모니터링한다. 그 이유는 타이밍을 잡기 위해서다.

반복해서 말하지만 전국이 같은 사이클로 움직이진 않는다. 각 지역은 저마다의 사이클로 움직인다. 단순히 보면 전국이 불붙는 장세 같지만, 하나하나 들어가서 살펴보면 아직도 하락만 하는 지역이 있는가 하면 거의 고점을 찍고 상승의 흐름이 둔화되는 곳도 있다.

이것은 공부를 계속해야만 알 수 있다. 죽도록 아낀 3,000만 원이라는 돈은 비록 소액일지라도 정말 소중하다. 그러므로 제대로 공부하지 않은 상태에서 어디가 좋다더라 하는 얘기만 듣고 투자해서는 안 된다. 앞의 방법대로 스스로 해보고 확신을 가져야 한다. 누군가가 언급한 투자처로 처음 한 번은 성공할 수 있을지도 모른다. 그럼, 다음엔 어떻게 할 건가? 스스로 투자처를 찾을 수 있는 눈을 키워야 한다. 그 점을 꼭 기억했으면 한다.

제4장

내 집 마련도
반드시 오를 곳에만 한다

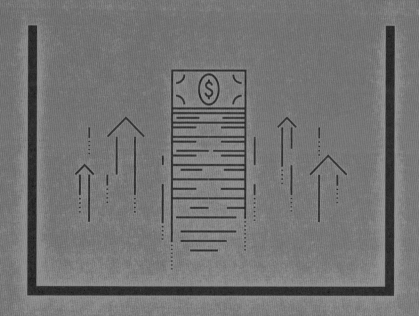

내 집 마련의 1원칙,
반드시 급매를 잡아라

부동산을 살 때 가장 중요한 것은 바로 '가격'이다. 싸게 살수록 좋다. 저평가된 지역을 우선적으로 찾는 이유도 부동산을 더 싸게 사기 위해서다.

더 좋은 곳으로 갈아타야겠다고 맨 처음 결심했을 때가 한여름 휴가철이었다. 다들 휴가를 가서인지 거리가 한산했다. 그때 휴가는 뒷전이었다. 이사를 결심한 이상 어떻게든 계약을 해야 했다. 결심을 하면 꼭 끝을 봐야 하는 성격인 탓이다. 살던 곳 인근에 사람들이 선호하는 구축 아파트가 있었다. 입지, 상권, 학군을 모두 갖춘 곳이었다. 네이버부동산에서 매물을 보다가 그 단지에 급매가 나와 있다는 걸 알게 됐다. 다른 곳보다 2,000만 원가량 저렴했다. 그 더운 여름 아이들을 데리고 가서 소장님에게 문의했다.

"그런데 소장님, 이 매물은 다른 매물에 비해 왜 이렇게 저렴해요?"

"한동안 거래가 잘 되지 않아 빨리 팔고 싶어서 집주인이 싸게 내놓았어요."

초보 투자자였지만 그 말이 어떤 의미였는지는 알 수 있었다. 한동안 거래가 없었기 때문에 매도자는 어떻게든 빨리 그 집을 팔고 싶어했다. 가격을 좀 더 깎아볼 수 있을 것 같았다.

"소장님, 저 이 물건 무조건 사고 싶거든요. 그런데 돈이 모자라서요. 매도자에게 500만 원만 깎아주면 안 되는지 물어봐 줄 수 있나요?"

되든 안 되든 상관없다는 심정으로 말했다. 첫 투자였는데 어디서 그런 용기가 났는지 아직도 신기하다. 그랬더니 소장님은 일단 매도자에게 전화를 해보겠다고 했다. 얼마 지나지 않아 소장님에게서 전화가 왔다.

"매도자가 흔쾌히 500만 원을 빼주겠다고 하네요."

순간 마음속으로 '대박'을 외쳤다. 지금 생각해보면 매도자와 매수자의 심리 게임에서 이겼던 것 같다. 거래가 잘 되지 않는 분위기에서 매도자는 불안했을 것이다. 몇 달 동안 집을 보러 오는 사람이 거의 없는 상황이었다. 그렇지 않아도 부동산 비수기인 한여름에 집을 사고 싶다는 사람이 있으니 얼마나 반가웠을까? 그 덕분에 급매였던 그 집을 500만 원이나 더 저렴하게 매수할 수 있었다.

급매라면 저층이어도 좋다

두 번째 사례는 입주장에 나와 있던 분양권이었다. 처음에 분양할 때부터 정말 살고 싶었던 곳이다. 그곳을 보면서 늘 이런 생각을 했다.

'내 평생에 저런 곳에서 살 수 있을까?'

그 단지가 입주할 때 매물을 보다가 급매를 발견했다. 저층이긴 해도 다른 분양권에 비해 1억 이상 저렴했다. 매물은 딱 한 군데 부동산에만 나와 있었다. 위치를 보니 해당 아파트 부동산이 아니라 거리도 많이 떨어져 있었다. 알고 보니 소장님 지인의 매물이라고 했다. 소장님에게 또 이렇게 물어봤다.

"소장님, 이 매물에 혹시 어떤 사정이 있나요? 다른 매물보다 너무 저렴하게 나와서요."

그러자 소장님이 사연을 술술 이야기해줬다. 매도자가 사업을 하는데 급하게 돈을 충당해야 하는 일이 생겼다고 한다. 원래 분양을 받았을 때는 입주를 하려고 풀옵션으로 하고 매일 딸과 함께 아파트가 몇 층이나 지어졌는지 보러 왔다고 한다. 그만큼 애착이 있는 곳이었지만 사업 자금 때문에 급전이 필요했던 것 같다. 당시 그 단지 인근에 입주 물량이 일시적으로 몰려 있었다. 그래서 매매가도 오르지 못하는 상황이었다.

소장님에게 이 물건에 대해 상담할 때는 사정이 있으면 잔금일을 두 달 뒤로 해준다고 했다. 분양권은 대개 한 달 안에 잔금을 치르고 명의 변경까지 완료된다. 하지만 내 자금 사정 때문에 두 달 뒤로 요청했고, 소장님은 가능하다고 했다. 하지만 막상 매도자를 만나서 이야기를 해 보니 사업 문제 때문에 잔금일을 한 달 뒤로 해야 한다는 것이다. 소장 님 입장에서는 자기 말을 번복해야 했기 때문에 난감했던 것으로 보인 다. 이런 상황을 고려할 때 내가 매도자보다 더 우위에 있다는 걸 알게 됐다.

사실 저층이 아니라 더 층이 높은 매물을 매수하고 싶었다. 하지만 그런 곳은 1억 이상 비싸게 나왔다. 내가 가진 돈으로는 엄두도 낼 수 없었다. 최대한 시도해볼 수 있는 곳이 이 매물뿐이었다. 소장님에게 처음 이야기했던 것보다 잔금일이 당겨진 점, 현재 매도자가 사업 자 금이 급한 점, 이 아파트가 분양했을 때부터 갖고 싶었던 꿈의 아파트 였다는 점을 말했다.

소장님은 그때부터 매도자와 본격적으로 가격 조정을 시작했다. 그 단지 역시 인근의 입주 물량이 많아서 거래가 잘 되지 않았다. 매도자 입장에서는 집이 팔리지 않을까 봐 걱정이 됐던 것 같다. 소장님의 말 을 듣더니 흔쾌히 1,000만 원을 조정해주겠다고 했다. 정말 감사했다. 풀옵션에 시스템에어컨이 4대나 있는 매물을 1억 이상 저렴하게 매수 할 수 있었다.

이곳에 입주하고 싶었지만 남편의 직장과의 거리, 아이들 육아 문제 등으로 우선 전세를 놓기로 했다. 이 아파트를 전세 놓을 때 비록 저층이긴 했지만 다른 곳보다 전세를 빨리 맞출 수 있었다. 그 이유는 앞서 말한 것처럼 풀옵션에 시스템에어컨이 있었기 때문이다. 특히 방마다 붙박이장이 다 되어 있어서 세입자가 옷장을 가져올 필요가 없었다. 실제로 이 집에서 2년을 살았던 세입자에게 이렇게 물어본 적이 있다.

"이 집보다 조건이 좋은 매물도 분명 있었을 텐데 왜 이 집을 선택했어요?"

그러자 세입자는 이렇게 대답했다.

"시스템에어컨과 붙박이장이 방마다 다 되어 있다는 게 가장 마음에 들었어요. 저층이지만 로열동이라 앞이 막히지 않았다는 것도 너무 좋았고요."

이처럼 급매물이 나왔을 때는 가장 먼저 그 사정을 알아봐야 한다. 사정을 알아야 협상에서 쓸 수 있는 카드를 최대한 많이 손에 쥘 수 있기 때문이다. 그리고 타이밍도 정말 중요하다. 급매물임에도 가격을 더 조정할 수 있었던 것은 거래 당시 그 지역이 아직 상승 분위기가 시작되지 않았기 때문이다. 상승이 제대로 온 곳들은 매도자가 키를 쥐고 있다. 매도자 우위의 시장이기 때문에 매물을 거두고 호가를 높인다. 이런 곳에서는 급매도 거의 없을뿐더러 호가대로 계약을 하려고 한다.

그러므로 항상 저평가 지역을 찾아야 한다. 저평가 지역은 상승의 흐름이 아직 제대로 오지 않은 곳이다. 매도자들은 집을 팔고 싶지만 매수세가 없어서 애만 태우고 있다. 이런 상황에서 집을 사겠다는 사람이 나타나면 가격을 조정해주고서라도 거래를 성사시키고 싶어 한다. 더군다나 그게 여름 휴가철이라면 가격을 조정할 확률이 더 높아진다. 평소에 거래가 잘 되지 않는데 휴가철이라서 집을 보러 오는 사람도 없다면, 매도자뿐만 아니라 소장님도 매수자가 나타났을 때 어떻게든 거래를 성사시키려고 한다.

용감한 사람이 결국 이긴다

부동산 투자는 끝이 없는 협상의 과정이다. 매도자, 매수자, 소장님, 세입자와 협상을 해야 한다. 그래서 항상 상대가 어떤 생각을 할지 고려해야 한다. 모두가 자기 입장만 내세우면 거래가 성사될 수 없다. 상대방을 끌어당기기 위해서는 설득을 해야 한다. 설득을 잘하기 위해서는 그들 입장에서 생각하고 공감해줄 수 있어야 한다. 사람들이 억지를 부리는 이유는 억울하기 때문이다. 억울하다는 건 자신이 손해를 본다고 생각한다는 의미다. 그런 생각을 조금이라도 덜 하게 하려면 진심으로 그들의 입장에서 공감해주고 이해해주는 자세가 필요하다.

처음에는 이런 협상의 과정이 가장 힘들었다. 일방적으로 매도자 편만 드는 소장님을 만난 적도 있고, 계약을 할 때 중도금을 무리하게 요구하는 매도자도 있었다. 심지어는 1원도 못 깎아준다는 매도자도 있었다. 이런 상황에서 화를 내기보다 그들 입장에서 생각해보려고 노력하면 의외로 쉽게 풀렸다. 이런 상황에 처하면 마음속으로 '왜?'라는 질문을 떠올렸다.

'왜 저 사람들은 저런 말을 할까? 진짜 숨은 의도는 뭘까?'

이렇게 질문하고 곰곰이 생각해보면 꼬인 실타래가 풀리듯 생각보다 쉽게 답이 나왔다. 가장 중요한 건 너무 욕심을 부리면 안 된다는 것이다. 최대한 상대방의 입장에서 생각해야 한다. 지인 중 한 명은 이런 협상의 과정이 싫어서 부동산 투자를 하기가 싫다고 했다. 나 역시 별의별 사람을 만나다 보니 한때는 사람이 싫어지기도 했다. 하지만 어느 순간부터 그들의 입장에서 생각해보려고 노력했더니 협상이 오히려 재미있어졌다. 또 하나 중요한 건, 되든 안 되든 일단 말부터 던져보는 것이다. 이렇게 부딪쳐봐야 급매물도 더 싸게 살 수 있다는 걸 꼭 기억했으면 한다.

네이버부동산
100퍼센트 활용하기

매물 정보를 확인하고 싶을 때 제일 먼저 보는 게 네이버부동산이다. 그만큼 많이 알려져 있지만 제대로 활용하는 사람은 많지 않다. 네이버부동산의 기능을 활용하면 좋은 매물을 빠르게 찾을 수 있다. 다음은 내 집을 마련할 때 정말 도움이 되는, 네이버부동산을 활용하는 다섯 가지 팁이다.

최신 순으로 매물 확인하기

최근 매도자들이 얼마에 물건을 내놓는지를 보면 그 아파트의 분위기를 알 수 있다. 매물이 쌓인 경우라면 거래가 잘 되지 않아 급매가 많아졌을 것이다. 반대로 거래가 잘 이뤄지는 분위기라면 매물이 없거나 호가가 계속 올라간다.

'동일 매물 묶기' 기능 활용하기

매도자나 매수자들은 부동산 중개소 여러 곳에 매물을 내놓는 경우가 많다. 부동산 소장님은 자신의 물건이어야 더 열심히 매매해주기 때문이다.

그래서 물건이 중복되어 노출되곤 한다. 이렇게 '동일 매물 묶기'를 눌러주면 같은 물건을 내놓은 부동산을 하나로 묶어주기 때문에 보기가 편하다.

알림 기능 활용하기

네이버부동산의 아주 유용한 기능 중 하나가 알림 기능이다. 이 기능은 네이버부동산 모바일 버전에서 제공한다. 알림을 설정해두면 매매, 전세 물건이 업데이트될 때마다 휴대전화로 알림이 온다. 이 기능을 활용하면 급매를 잡는 데 유리하다. 실제로 내 집 마련을 할 때 이 기능 덕분에 정말 저렴하게 급매를 잡을 수 있었다.

급매를 싫어하는 사람은 없다. 어떻게든 부동산은 싸게 사는 게 정답이다. 그래서 알림이 오면 무조건 바로 소장님에게 연락해서 최대한 빨리 집을 보러 가야 한다. 이 이야기를 더 좋은 아파트로 갈아타고 싶어 하는 동생에게 해준 적이 있다. 사고 싶은 아파트가 있는데 그 단지를 살펴보니 가격이 너무 비싸더라는 것이다. 하지만 이제 막 입주하는 곳이어서 급매가 나올 수도 있겠다는 생각이 들었다. 그래서 동생에게 알림을 설정해두고 급매가 나오는지 수시로 체크하라고 했다. 어느 날 동생한테 전화가 왔다.

"언니 덕분에 급매로 나온 물건 계약했어요. 정말 고마워요!"

네이버부동산 알림이 왔는데 가격이 다른 물건보다 1억 이상 저렴한 급매였다고 한다. 매도자는 등기를 하기 전에 급하게라도 팔고 싶었던 것이다. 동생은 남편이 만류하는데도 잽싸게 부동산으로 달려가 급매를 잡았다. 이렇게 네이버부동산 알림만 설정해놔도 급매물을 잡을 수 있다.

평당가가 가장 높은 순으로 나열해 아파트 찾기

평당가 순으로 나열하면 그 지역에서 가장 비싼 아파트부터 차례대로 정렬된다. 해당 아파트를 선택하고 옆에 있는 지도를 보면서 위치를 확인한다. 그리고 왼쪽에 있는 호가를 최신순으로 보면서 가격이 얼마에 나오고 있는지를 확인한다. 그런 후 최근에 얼마에 실거래가 됐는지를 본다. 네이버부동산에서는 최대 7년까지 해당 아파트의 실거래가를 확인할 수 있는 그래프가 나온다. 이렇게 동별 최고 평당가로 정렬된 아파트의 호가와 실거래가를 확인하면서 투자할 수 있는 단지들을 추려나가는 것이다.

다시 강조하건대 부동산 투자에서는 좋은 것을 싸게 사는 것이 중요하다. 이렇게 줄을 세워서 보면 2등이 3등보다 덜 오른 경우가 있다. 그럴 때는 이유가 무엇인지를 찾아야 한다. 가장 좋은 건 현장으로 가는 것이다. 그 아파트를 내 눈으로 직접 보고 소장님과도 이야기하다 보면 답을 찾을 수 있다.

'아파트 분양권' 확인하기

이 기능은 해당 지역의 입주 물량을 가늠해볼 때도 이용하면 좋다. 입주 물량은 '부동산지인'과 '아실'에서 확인할 수 있다. 플랫폼마다 약간의 차이가 있기 때문에 추가로 네이버부동산에서 어떤 단지들이 분양되는지 하나씩 체크해볼 수 있다. 이렇게 분양권만 따로 보면 프리미엄이 아직 덜 붙은 곳이나 주변 기축 아파트보다 저렴한 물건을 발견할 수도 있다. 분양권은 등기를 하면 매물이 잠기면서 가격이 상승하게 된다. 그러므로 등기를 하기 전 분양권 매물이 있는지를 네이버부동산을 보면서 찾는 것이 중요하다.

요즘에도 틈만 나면 네이버부동산을 본다. 스마트폰에 네이버부동산 앱을 깔아두면 언제든 매물을 체크할 수 있다. 부동산은 타이밍이다. 항상 빠른 결정이 필요하다. 소장님들이 자주 하는 얘기가 있다.

"이 물건 다른 사람들이 조금 전에 보고 갔어요. 금방 나갈 수도 있으니 빨리 결정하세요."

예전에 이런 말을 들으면 어떻게 해야 할지 혼란스러웠다. 아직 그 아파트에 대한 확신도 없는데 소장님은 빨리 결정하라고 하니 미칠 지경이었다. 하지만 네이버부동산을 통해 미리 공부를 해놓으면 이런 말에도 흔들리지 않고 중심을 잡을 수 있다. 평소에도 시간적 여유가 생기면 스마트폰으로 네이버부동산을 틈틈이 봐두는 게 좋다. 투자 기회는 갑자기 찾아오기 때문에 늘 대비해야 한다.

아파트 매수 전
체크해야 할 디테일

아파트를 매수할 때 체크해야 할 사항이 많다. 부동산 공부가 제대로 안 되어 있을 땐 집을 보러 가도 무엇을 중점적으로 봐야 할지 몰라 힘들었다. 하지만 이렇게 체크리스트를 만들고 나서는 하나씩 꼼꼼히 검토할 수 있게 됐다. 내 집 마련을 할 때는 물론, 투자를 할 때도 다음의 사항은 꼭 챙겨야 한다.

- 아파트 이름, 동, 향, 타입
- 확장 및 수리 여부
- 매매 · 전세 시세

- 집주인이 실거주했나? 임차인이 살았나?
- 직주근접이 되는가?
- 잔금일은 언제인가?
- 전세 만기는 언제인가?
- 가격 조정이 가능한가?
- 집주인이 매도하는 이유는 무엇인가?

사전 조사는 치밀하게

지금부터 아파트를 매매할 때 반드시 체크해야 하는 아홉 가지 디테일을 알아보겠다.

첫째, 아파트를 볼 때 어떤 동을 살지 고민을 많이 한다. 가장 좋은 건 당연히 로열동이다. 로열동은 앞에 막힌 것이 없어 조망이 좋다. 어디가 로열동인지는 단지 내 상가의 부동산 소장님에게 물어보면 다 알려준다. 문제는 좋은 건 비싸다는 것이다.

1년 전 매수했던 김해의 분양권은 앞동인 로열동과 뒷동의 차이가 큰 곳이었다. 앞동은 유리 외벽으로 되어 있고 바로 앞이 호수공원 뷰였다. 거기서부터 가격 차이가 났다. 앞동을 매수하고 싶었지만 매물이 없어서 뒷동을 매수했다. 현재 그 단지는 상승장이어서 앞동과 뒷동이 모두 올랐다. 하지만 앞동이 수요가 더 많기 때문에 더 많이 오르고 있다. 투자금이 넉넉하다면 고민할 필요도 없이 로열동 로열층을 사야 한다.

둘째, 사람들이 고민을 많이 하는 부분 중 하나가 향이다. 향은 거실 창을 기준으로 아파트가 어느 방향으로 있느냐를 말한다. 가장 선호하는 향은 '남향'이다. 해가 잘 들어오기 때문이다. 하지만 앞동에 가리는 경우는 남향이어도 해가 잘 들어오지 않을 수 있다. 다음은 '동향'이다. 동향은 아침 일찍부터 해가 들어와서 점심때까지 비친다. 동향집은 여름에는 시원해서 좋지만 겨울에는 춥다는 단점이 있다. 서향은 점심때부터 해가 들어와서 오후 늦게까지 비친다. 여름에는 덥지만 겨울에는 따뜻하다. 아파트는 북향이 거의 없다.

요즘에는 남동향, 남서향처럼 남향이되 동향과 서향의 장점을 혼합한 형태로 많이 짓는다. 오전에 해가 많이 들어오는 게 좋은 사람은 남동향을 선호하고 오후에 해가 길게 들어오는 걸 좋아하는 사람은 남서향을 좋아한다. 향은 이렇게 자신의 취향에 따라 좌우될 수 있다.

셋째, 타입에서는 판상형을 많이 선호한다. 판상형은 일자형으로 배치가 되는데 장점은 일조량이 좋고 거실 창과 주방 창이 뚫려 있어 통풍과 환기가 잘된다는 것이다. 하지만 동 간 거리에 따라 사생활 침해에 따른 문제도 있다.

타워형은 2개 이상의 가구를 묶어 탑을 쌓듯이 짓는 구조를 말한다.

판상형에 비해 좀 더 개성 있는 구조를 만들 수 있다. 특히 가족 여럿이 함께 사는 경우는 독립된 방을 만들 수 있는 타워형을 선호하기도 한다. 단, 환기와 채광이 어렵다는 단점이 있다. 새 아파트를 분양할 때는 대개 판상형의 경쟁률이 높다. 하지만 아파트 가격이 오를 때는 약간의 차이는 있지만 판상형이든 타워형이든 같이 오른다. 그러니 투자금을 고려해서 선택하면 된다.

넷째, 베란다 확장 여부다. 요즘 새 아파트는 확장이 다 되어서 나온다. 하지만 구축 아파트들은 확장이 되어 있지 않은 경우가 많다. 확장비가 가격에 일정 부분 반영되기에 확장이 되어 있는 곳이 더 비싸다. 확장에도 호불호가 있다. 전체 확장을 한 경우 집을 넓게 쓸 수 있다는 장점이 있다. 거실에 바로 해가 들어오기 때문에 채광도 좋아진다. 하지만 확장이 되지 않은 곳보다 냉난방비가 더 들 수 있다. 그리고 결로현상(실내외 온도 차로 습기가 발생해 벽면에 물방울이 맺히는 현상)이 발생할 수 있다. 이런 장단점이 있지만 투자자의 관점으로 본다면 확장이 된 곳을 매수할 때는 확장비를 줄일 수 있기 때문에 이득이다. 확장된 매물과 확장되지 않은 매물이 비슷한 가격에 나와 있다면 당연히 확장된 매물을 선택하는 게 좋다.

다섯째, 아파트를 매수하려고 할 때는 그 단지의 매매와 전세 시세를 계속 모니터링해야 한다. 같은 단지라도 매매가에서 차이가 난다.

더 조건 좋은 곳이 저렴하게 나올 수도 있다. 그래서 네이버부동산의 매물을 전수 조사를 해야 한다.

실제로 매수하려는 단지가 정해지면 스케치북을 꺼내서 그 단지에 나온 매물의 호가를 모두 적는다. 동, 층, 향, 옵션 여부 등 네이버부동산에 나와 있는 정보들을 상세하게 적는 것이 좋다. 그리고 물건을 갖고 있는 소장님에게 연락해 관심 매물을 확인하고 이보다 더 저렴한 게 있는지 물어본다. 만약 전세를 끼고 투자를 할 때는 주변 전세 시세도 함께 체크하는 것을 잊지 말자.

여섯째, 매수를 고려하는 집에 집주인이 살았는지 아니면 세입자가 살았는지도 중요하다. 대개 집주인들은 자기 집이기 때문에 깨끗하게 쓴다. 하지만 임차를 주면, 모두가 그런 건 아니지만 내 집이 아니어서 함부로 쓰는 경우가 많다. 예전에 월세로 들어갔던 집은 입주 때부터 세입자가 들어와서 살았던 곳인데 상태가 엉망이었다. 매물이 딱 하나밖에 없어서 어쩔 수 없이 들어갔지만 정말 충격이었다. 하자보수를 하나도 받지 않아서 화장실 벽 타일이 모두 깨져 있었다. 방마다 벽지는 다 찢어져 있었고 바닥도 긁히지 않은 곳을 찾기가 어려울 정도였다. 청소도 거의 안 하고 살아서 2년밖에 안 된 아파트가 10년이 넘은 아파트보다 더 못해 보였다. 집주인이 정말 속상해했다. 그 집에 월세로 들어가 살면서 우리가 하자를 모두 수리해줬다. 그때의 경험으로 세입자를 잘 만나는 게 얼마나 중요한지 알게 됐다.

일곱째, 잔금일을 언제로 잡느냐도 정말 중요하다. 잔금일을 너무 짧게 하면 그 기간에 전세를 못 맞출 수도 있기 때문에 주의해야 한다. 계약금을 부치기 전에 잔금일을 언제로 할지 정해야 한다. 잔금일은 대개 3개월로 하는데 나는 4개월 이상으로 해달라고 요청한다. 매도자와 협의만 되면 충분히 가능한 부분이다. 그리고 특약사항에 이렇게 기재한다.

'잔금일 전에 전세가 맞춰지면 매도자와 상호 협의 후 잔금일을 앞당길 수 있다.'

실제로 작년에 매수했던 곳은 잔금일을 4개월로 했지만 그 전에 전세가 나가서 매도자와 합의 후 잔금일을 앞당겼다. 잔금일은 재산세와도 관계가 있다. 매년 6월 1일 기준으로 재산세가 부과되는데, 그 시점의 소유자가 재산세를 내야 한다. 그래서 매도자는 6월 1일 전, 매수자는 그 이후로 잔금일을 잡고 싶어 한다. 아니면 상호 합의하에 재산세를 반반 부담하는 방식도 있기 때문에 이 부분도 고려해야 한다.

여덟째, 전세를 안고 사는 경우는 전세 만기를 신경 써야 한다. 요즘 나오는 매물들을 보면 전세를 안고 있는 매물이 바로 입주 가능한 매물보다 1억 이상 저렴하게 나오기도 한다. 전세를 안고 있는 매물은 2년 전에 전세를 맞췄기에 현재 시세보다 전세가가 낮기 때문이다. 특히 요즘은 계약갱신청구권으로 인해 전세 물건이 많이 줄어들었고 전세가도 많이 올랐다. 계약갱신청구권은 2020년부터 적용 중인 임대차

3법에 포함돼 있다. 이에 따르면 임대 기간 종료 후 임차인은 1회에 한해서 임대인에게 계약갱신을 청구할 수 있다. 보통 전세계약을 2년으로 하므로 1회를 연장하면 4년을 살 수 있다.

하지만 집주인 입장에서 급하게 집을 팔아야 하는 경우도 있는데, 이럴 경우 시세보다 저렴하게 매도하게 된다. 이런 매물을 매수할 때 주의할 점이 있다. 집주인이 바뀌더라도 임차인이 계약갱신청구권을 쓸 수 있다는 점이다. 임차인은 전세계약종료 6개월에서 2개월 전에 계약갱신청구권을 행사할 수 있다. 최근 판례에 따르면, 바뀐 집주인에게 계약갱신청구권을 쓰지 않겠다는 의사를 표명한 후 계약갱신청구 기간 내에 번복하더라도 이를 인정해줘야 한다고 한다. 따라서 기존 세입자의 전세가 완료되어 새로운 세입자를 맞추는 경우나 매수를 해서 자신이 실입주하려는 경우도 이 부분을 꼭 체크해야 한다.

아홉째, 가격 조정이 되는지 한 번은 물어봐야 한다. 되든 안 되든 상관없다는 마음이 중요하다. 앞서 사례로 소개했듯이 여름 휴가철 비수기에 매수에 나서서 500만 원을 깎아 산 적도 있다.

또 다른 곳은 이제 막 가격이 움직이려는 곳이었다. 가격 조정을 해달라고 하자 매도자는 단칼에 거부했다. 가격 조정은 되지 않았지만 그곳은 향후 상승이 확실한 곳이었다. 그래서 매도자가 원하는 가격으로 바로 계약을 했고, 계약을 파기하지 못하도록 중도금까지 설정했다. 가격 조정은 될 수도 있고 안 될 수도 있다. 상황에 따라 다르기 때문이다. 그래도 말이라도 일단 던져보자. 되면 '땡큐'고 되지 않아도 상관없으니까 말이다. 그리고 소장님에게 매도자가 왜 이 집을 팔려고 하는지 넌지시 물어보는 것도 좋다. 혹시나 집에 문제가 있는 건 아닌지 확인하기 위해서다. 좋지 않은 이야기는 웬만하면 안 하겠지만, 돌다리도 두들겨보고 건넌다는 마음으로 항상 꼼꼼하게 체크해야 한다.

계약서, 작성하면 끝이다

같은 단지라고 하더라도 물건마다 사정이 다르다. 계약서를 작성하고 나면 돌이키기가 어렵다. 그러므로 계약하기 전에 아주 사소한 내용이라도 하나씩 짚어봐야 한다. 집도 보지 않고 계약을 하는 사람도 드물지 않은데, 나는 단 한 번도 집을 보지 않고 산 적이 없다. 오히려 같은 집을 여러 번 본 적은 있다. 부동산 투자에는 큰돈이 들어가기 때문에 꼼꼼하게 체크해야 한다.

부동산 소장님과
티타임

처음에는 부동산 중개소를 찾아가서 소장님을 직접 만나는 것이 두려웠다. 그렇지만 지금은 문을 열고 들어가기 전에 미리 마음의 준비를 하면 그 두려움을 조금이라도 떨칠 수 있다는 걸 안다. 스스로 이렇게 주문을 외우는 것이다.

"나는 지금 집을 사기 위해 여기에 왔어."

"내가 찾던 알짜 물건이 이곳에 있을 수도 있어."

정말 이 아파트를 살 사람이라고 자기 암시를 하는 것이다. 이렇게 생각하면 스스로도 진짜 집을 살 사람이라고 생각하게 된다. 그런 다음 부동산 중개소에 들어서면 주눅 들지 않고 자신감이 생긴다.

미리 공부해왔다는 걸 알리자

소장님을 만났을 때는 이 단지에 대해 미리 공부한 내용을 질문한다.

"소장님, 네이버부동산에서 찾아보니 ○동 ○호가 급매던데, 왜 급매로 나왔어요?"

"이 아파트가 1등이고 옆 아파트가 2등인데 혹시 이유가 있나요?"

"최근 뉴스를 보니까 이 지역에 ○○○ 호재가 있던데, 다른 호재도 있나요?"

이때 중요한 것은 미리 공부했다는 걸 알려야 한다는 것이다. 같은 이야기를 온종일 해야 하는 소장님 입장에서는 미리 공부해 온 사람이라면 이 지역과 아파트 단지를 어느 정도 이해하고 있으니 설명하기가 훨씬 수월하다고 느끼게 되기 때문이다. 그리고 네이버부동산에서 급매물을 찾아봤다는 것은 확실히 집을 살 생각이 있다는 걸 어필하는 말이다. 집을 살 생각은 없고 공부만 하러 온 티를 내선 절대 안 된다. 어떤 소장님이 이런 말을 했다.

"가장 싫은 사람이 연필과 수첩을 꺼내 들고 대놓고 공부하러 왔다고 하는 사람이에요."

소장님에게도 시간은 소중하다. 설사 부동산 공부를 하러 왔다고 하더라도 티를 내진 말자. 나는 부동산 중개소에 들어가면 일부러 이렇게 말한다.

"소장님, 메모를 하고 싶은데 볼펜과 메모지 있으세요?"

가방에서 보란 듯이 수첩을 꺼내면 공부하러 온 티가 너무 많이 나기 때문이다. 이렇게 말하면 대부분 볼펜과 메모지를 준다. 그때 소장님이 이야기해주는 물건 정보나 주변 아파트에 대한 정보를 메모하면 된다.

부동산에서 1시간 잡담하기

소장님과 티타임을 가지면서 중요한 것은 공감이다. 사람 마음은 다 비슷하다. 이야기에 고개를 끄덕여주고 호응해주면 더 신이 나서 이야기하게 된다. 예전에는 공감을 해야 한다는 걸 몰랐다. 그래서 10분도 채 이야기를 못 하고 나오기도 했다. 하지만 공감의 중요성을 알게 된 뒤에는 소장님들과 오랫동안 이야기를 나눌 수 있게 됐다. 예전에 언니와 함께 부동산 중개소를 방문한 적이 있다. 언니는 어색해서인지 질문도 하지 않고 가만히 있었다. 내가 소장님과 거의 1시간을 이야기하는 게 신기했는지 나중에 언니가 이런 말을 했다.

"네가 소장님 말씀에 계속 호응해주고 리액션을 하니까 더 신이 나서 이야기하시더라."

언니 말을 듣고 생각해보니 정말 그랬다. 소장님의 이야기에 계속 호응하고 질문을 했다. 그게 대화를 오랫동안 이끌고 원하는 매물을 알아내는 방법이었다. 대화를 하다가 소장님이 내 생각과 반대되는 이

216

야기를 하더라도 그 자리에서 반박하지 않았다. 갑자기 반박을 하면 대화가 끊길 수도 있기 때문이다. 일단은 소장님의 의견에 동의해준 다음, 집으로 돌아와 생각을 정리하면서 취할 건 취하고 버릴 건 버리는 작업을 한다.

아파트 계약을 할 때 꿀팁을 하나 소개하자면, 매매계약서를 작성하는 날 약속된 시간보다 일찍 가는 게 좋다는 것이다. 먼저 소장님을 만나 차를 마시면서 이야기를 하면 좀 더 유리한 방향으로 계약서를 작성할 수 있다. 내 집을 살 때 가장 신경 쓰이는 부분이 하자다. 당장 눈에는 보이지 않지만 살다 보면 하자가 발견될 수도 있다. 이런 부분을 특약사항에 명시해달라고 요청할 수 있다. 아무래도 당사자가 있으면 이런 말을 하기가 꺼려지므로 약속 시간보다 일찍 가서 분위기를 만드는 것이다.

진짜 정보는 현장에 있다

지금까지 투자하면서 만난 소장님들이 다 좋았던 건 아니다. 예전에 전세 물건을 놓는 문제 때문에 전화로 다툰 부동산 소장님이 있었다. 내 집 마련을 위해 덜컥 매수부터 한 집이었다. 기존에 살던 집이 팔리지 않아 바로 이사를 하지 못하는 상황이었다. 그래서 전세를 내놓았는데 소장님이 다른 부동산에는 내놓지 못하게 했다. 자신이 전세를 확실히 놓을 수 있다면서 말이다. 하지만 당시 주변에 아파트 입주가 많아 자칫하다가는 잔금일 때까지 전세를 못 놓을 수도 있겠다는 불안감이 들었다. 그 아파트는 아직 잔금을 치르지 않아서 세입자가 전세자금을 대출받으려면 매도자와 협의를 해야 했다. 매수할 당시 그 매물은 이 소장님에게만 나와 있는 단독 물건이었다. 사정을 알고 보니 매도자와 소장님은 친한 이웃이었다. 소장님 말로는 많은 곳에 전세 물건을 내놓으면 몸도 좋지 않은 매도자가 집을 보여주느라 너무 힘들다는 거였다. 실제로 매도자는 몸이 좋지 않아 병원에 다니는 중이었다. 매도자 입장도 이해는 가지만 일단 전세를 빨리 맞추어야 했기에 나도 마음이 급했다.

이렇게 되자 소장님과 사이가 틀어지기 시작했다. 그러다가 이런 생각이 들었다.

'소장님과 사이가 틀어져서 제일 손해 볼 사람은 누구지? 내가 최종적으로 달성해야 하는 목표는 뭐지?'

소장님과 사이가 틀어져서 전세를 못 놓게 되면 잔금을 마련하기가 정말 힘들어진다. 그렇게 결론이 나자 당장 음료수를 사 들고 소장님을 찾아갔다. 최대한 사정을 이야기하고 양해를 구했다. 전화상으로는 서로 얼굴을 붉혔지만 직접 만나 얼굴을 맞대니 서로 오해를 풀 수 있었다.

여러 소장님을 만나면서 결국 그분들도 똑같은 사람이라는 걸 알게 됐다. 어떤 사람들은 내게 이런 말을 하기도 한다.

"강남에 있는 부동산에 갈 땐 어떻게 옷을 입고 가야 하죠? 소장님이 무시할까 봐 걱정돼요."

물론 잘사는 동네 소장님들은 워낙 방문자가 많기 때문에 사무실에 들어오는 사람들에게 이렇게 묻는 경우도 있다고 한다.

"○○단지 사려면 14억 원 정도가 필요한데 그만큼 갖고 있어요?"

대뜸 이렇게 물어보면 그만큼의 돈이 준비되지 않은 사람들은 주눅이 들어서 아무 말도 못 할 수 있다. 하지만 무시를 당하더라도 일단은 문을 열고 들어가라고 말하고 싶다. 평소에 들어가기 꺼려졌던 부동산 중개소라는 곳에도 똑같은 일상을 사는 사람이 있다. 단지 부동산중개업자라는 직업을 갖고 있을 뿐이다. '소장님 입장에서는 어떨까?'라며 상대방의 입장에서 생각하는 게 중요하다.

그리고 부동산 투자는 책상에 앉아만 있는다고 되는 것이 아니다. 진짜 공부는 현장에서 이뤄진다. 현재 거래 가능한 물건이 몇 개가 있고 그중에서 로열동 로열층 물건은 어느 것인지, 최근에 투자자들이 많이 다녀갔는지 등은 현장에 가봐야 알 수 있다. 시간이 날 때마다 동네 부동산 소장님을 찾아갔으면 한다. 소장님과 친해지면 숨겨진 보물 아파트를 누구보다 먼저 발견할 수 있을 것이다.

영끌,
어디까지 허용될까

내 집 마련을 하기 전에 가장 고민했던 부분이 '영끌'(영혼까지 끌어모음)에 대한 것이었다. 새 아파트로 이사한 내 친구들은 영끌을 했다. 대출을 2억 정도 받았다고 했다. 당시 나는 대출이 전혀 없었기 때문에 그렇게까지 하면서 새집으로 옮긴 친구들이 이해되지 않았다. 하지만 그들의 아파트는 1년도 채 되지 않아 2억이 올랐다. 그걸 보면서 영끌에 대해 다시 생각하게 됐다.

영끌이라는 말은 요즘 경제 기사에 자주 등장한다. 왜 이런 말이 나오게 됐을까? 정부에서는 각종 규제책으로 집값을 잡으려고 했다. 하지만 집값은 잡히기는커녕 계속 치솟기만 했다. 대부분 사람은 내 집을 마련하려면 열심히 일해서 돈을 모아야 한다고 생각한다. 하지만 연일 치솟는 집값을 바라보면서 하루라도 빨리 사지 않으면 집 한 채 없이 평생을 살게 되리라는 조바심에 대출을 최대한 받아 집을 사는 열풍이 시작된 것으로 보인다. 예전에는 집을 사는 세대가 3040이었다면 이제는 2030으로 더 젊어졌다. '지금 아니면 집을 사지 못한다'라는 불안 심리가 영끌을 부른 것이다.

영끌의 정의는 저마다 다르다

저마다의 관점에 따라 다르겠지만, 영끌을 우려하는 기사가 나올 때마다 내 집 마련을 해본 경험자로서 '영끌을 꼭 부정적으로 바라봐야 할까?'라는 생각이 든다. 자신이 허용할 수 있는 영끌의 기준을 정해두고, 그 선을 넘지 않으면 괜찮다고 본다. 최근에 한 수강생이 이런 질문을 한 적이 있다.

"선생님이 생각하시는 영끌은 어느 정도까지인가요?"

나는 '가계 여유자금의 50퍼센트 이내에서 대출원금과 이자를 상환할 수 있는 수준'이라고 대답했다. 예를 들어 매월 들어오는 수익이 부부 합산 400만 원이라고 하자. 여기서 고정적인 지출과 생활비로 200만 원을 제한다면 200만 원이 남는다. 이 돈의 50퍼센트, 그러니까 여기서는 100만 원으로 대출원금과 이자를 충당할 수 있다면 무리하지 않는 선이라고 생각한다.

2억 5,000만 원을 30년간 3퍼센트의 이자로 대출받으면 매월 원금과 이자를 합쳐서 100만 원 정도가 나간다. 여기까지가 영끌의 허용 한계라고 본다. 남은 돈의 50퍼센트까지를 영끌의 기준으로 잡은 이유는 만에 하나 금리가 인상되거나 수익이 줄어들더라도 또 다른 여윳돈 50퍼센트가 있으므로 생활이 흔들리지 않을 수 있기 때문이다.

대출은 잘 활용하면 좋은 집을 살 수 있는 시간을 줄여주지만, 감당할 수 있는 수준을 넘어서까지 받으면 상환 부담이 커져 힘든 상황에 놓이게 된다. 최근 신문 기사에는 금리 인상에 대한 이야기가 연일 나오는데, 감당할 수 없는 선까지 대출을 받은 사람들은 이런 기사가 나올 때마다 불안해진다.

내가 그동안 대출받는 것을 왜 무서워했는지에 대해 생각해봤다. 우선, 대출을 못 갚아서 집이 경매에 넘어가고 길바닥에 나앉게 됐다는 뉴스를 많이 봤기 때문이다. 학교에서도 대출을 받아 집을 사는 걸 배워본 적이 없다. 주변 가족들도 대출을 무서워했다. 이렇다 보니 당연히 대출은 받으면 안 되고 열심히 돈을 모아서 집을 사야 한다고 생각했다.

앞서 말했던 것처럼 나는 첫 집을 마련할 때 최소 6,000만 원이 더 필요했다. 6,000만 원을 적금으로 모으려면 또 몇 년이 걸린다. 하지만 지금 당장 들어가서 살 집이 필요했기에 두려움을 무릅쓰고 대출을 받았다. 지금 생각하면 왜 그렇게 고민을 했나 싶다.

요즘 대출은 전문가의 영역

대출상담을 받는 방법에는 대출상담사를 활용하는 것과 은행 대출 담당자를 직접 찾아가 상담하는 방법이 있다. 그중에서 대출상담사는 인근 부동산 소장님에게 물어보면 은행별로 자세히 소개해준다.

보통 우리가 알고 있는 국민은행, 하나은행 같은 곳은 1금융권이다. 삼성화재 같은 보험회사에서도 대출이 가능한데 이런 곳을 2금융권이라고 한다. 1금융권보다 2금융권이 좀 더 조건을 완화해주는 경우가 많다. 1금융권의 경우 대출 계약 기간에 대출금을 상환하면 중도상환 수수료가 발생하지만, 2금융권은 중도상환 수수료가 1금융권보다 적거나 아예 없는 곳도 있다. 상담을 받아보고 자신의 상황에 맞게 결정하면 된다. 대출상담사와 전화 통화로 대략적인 대출한도와 조건을 알아볼 수 있다. 그리고 대출 자서(자필서명)를 할 때는 대출상담사가 집으로 방문해주기 때문에 아주 편하다.

내가 처음 대출을 받을 때는 대출상담사에게 상담을 받을 수 있다는 것을 몰랐다. 그래서 직장 건물에 있던 은행의 대출 담당자를 찾아가서 상담을 받았다. 주택담보대출에 대해 상담을 받으니 대출이 1억 이상 가능하다고 했다. 지금 같았으면 당연히 1억 이상의 대출을 받았을 것이다. 상환 능력도 되고 더 좋은 집을 살 수 있으니까. 하지만 그때는 처음 대출을 받아보는 거였고 집값이 떨어질까 봐 너무 두려워서 모자라는 금액인 6,000만 원만 대출을 신청했다. 당시 대출이자가

4퍼센트가 넘었다. 빨리 갚아버리기 위해서 상환 기간도 5년으로 하고, 매달 원금과 이자를 상환하는 방식을 선택했다.

당시 우리 부부의 소득을 계산하니 월 400만 원 정도였다. 매달 대출원금과 이자를 합쳐서 110만 원 정도가 나갔다. 맞벌이를 했기 때문에 대출금을 충분히 감당할 수 있었다. 그때는 대구의 미분양이 급감하고 청약 경쟁률이 높아지던 시점이었다. 집을 사고 나서 얼마 안 됐을 때, 매수 심리가 회복되면서 집값이 상승하기 시작했다. 매수한 가격보다 1억 원 이상 상승했다. 매매가도 오르고 전세가도 올랐다. 그제야 사람들이 왜 대출을 받아서 집을 사는지를 알게 됐다.

매수보다
매도 전략이 중요하다

내 집 마련을 한 뒤 집값이 오르자 마냥 좋기만 했다. 어느 날 옆집 아주머니가 집을 내놓았다고 했다. 바로 건너편 새 아파트로 이사한다는 것이다. 알고 보니 우리 아이와 같은 어린이집에 다니던 아이의 엄마들도 지금 집을 팔고 새 아파트로 이사한다고 했다. 무언가 주변 상황이 변하고 있다는 게 느껴졌다.

그때 일시적으로 공급이 많아지면서 입주하는 새 아파트에 급매가 나오기 시작했다. 당시 살던 아파트와 새 아파트의 가격이 거의 비슷해졌다. 그걸 아는 사람들은 이 집을 급매로 팔고 새 아파트로 갈아타려고 했다.

놓쳐버린 기회

이런 상황을 알고 있었지만, 이사를 하는 것도 귀찮았고 사람들이 왜 새 아파트로 옮기는지 이해하지 못했다. 그건 정말 큰 실수였다. 지금 살고 있는 아파트를 급매로 내놓는 물건이 쌓이면서 아파트 가격이 떨어지기 시작했다. 그런데도 사람들은 싸게라도 어떻게든 정리하고 새 아파트로 넘어가려고 했다. 갈수록 아파트 가격이 크게 하락했다. 당시 주변에 입주하는 곳이 많아지면서 수요가 감소했고, 그렇게 떨어진 집값은 회복될 기미가 보이지 않았다. 새 아파트는 입주가 마무리되자 가격이 2억 이상 올랐다. 이제는 아예 엄두조차 내지 못할 곳이 되어버렸다.

새 아파트로 이사할 생각은 항상 하고 있었지만 타이밍을 놓치고 말았다. 비슷한 가격에 살 수 있었던 아파트를 이제는 2억이 넘는 돈이 있어야 살 수 있었다. 알면서도 실행하지 못했다는 사실에 자책감이 들었다. 그렇게 이사도 가지 못한 채 첫 집에서 7년을 살았다. 점점 이사는 포기하고 이 집에서 평생 살아야겠다는 생각으로 바뀌었다. 하지만 잠잠하다 싶다가도 어느 날 문득 이사에 대한 생각이 떠올랐다. 아이가 점점 커가면서 이전에는 신경 쓰지 않았던 학군에 대한 생각도 들기 시작했다. 아이를 생각하면 더 좋은 곳으로 갈아타야 한다며 조바심이 들었다. 마침내 큰 결심을 하고 집을 내놓았는데, 보러 오는 사람이 없었다. 집이 안 팔리자 이사를 포기하고 매물을 거뒀다. 그러다가 다시 이사 생각이 나면 매물을 내놓았다. 그렇게 집을 내놓고 다시 들이기를 몇 번이나 반복했다.

　지금 생각해보면 어떻게든지 싸게 팔고 다른 곳으로 이사를 갔어야 했다. 하지만 매도가 처음이었던지라 너무 싸게는 팔고 싶지 않았다. 집을 내놓고 나서는 퇴근 후에 집들을 계속 보러 다녔다. 그러다가 정말 마음에 드는 집을 발견했는데 급매여서 가격도 저렴했다. 그 집으로 정말 이사를 가고 싶었다. 그런데 살던 집이 팔리지 않아 이사를 포기해야 했다. 그런 일이 몇 번이나 반복됐다.

절실했던 매도 분투기

　그때 우리가 살던 집은 아이 키우는 집의 전형적인 모습이었다. 거실에 아이의 미끄럼틀이 한자리를 차지하고 있었고, 각종 장난감과 책들이 가득했다. 전혀 정리가 되어 있지 않았다. 짐이 많다 보니 답답해 보였지만, 속으로 이렇게 생각했다.

　'아이가 있는 집이니까 이해해주겠지?'

　정말 안일한 생각이었다. 당장 나부터도 다른 집을 보러 갔을 때 거실에 장난감이 가득하고 정리가 되어 있지 않으면 사고 싶은 생각이 들지 않았다. 아이 키우는 집이라는 걸 뻔히 아는데도 말이다. 내가 착각하고 있었다는 걸 깨닫기까지 한참이 걸렸다.

오랫동안 집이 팔리지 않자 그 이유를 짚어보게 됐고 현재 사는 집을 객관적으로 바라보게 됐다. 우선 베란다를 확장하지 않았고 현관에서 바로 보이는 방이 너무 작았다. 집을 보러 오는 사람들 입장에서는 집에 들어서자마자 그 방이 바로 보였기 때문에 방을 활용하기 어렵다고 생각할 수도 있을 듯했다. 그리고 수리가 하나도 되어 있지 않았다. 처음 이사를 올 때부터 수리가 되어 있지 않았는데, 그런 집에 7년을 살다 보니 연식까지 더해져 오래된 티가 확 났다. 특히 싱크대가 문제였다. 원래 하얀색이었는데 시간이 지날수록 누레졌다. 화장실 문은 습기가 차면서 아랫부분이 갈라져 보기 흉하게 되어버렸다. 등은 형광등이어서 불을 켜도 환하지 않았다.

최대한 돈을 들이지 않고 집을 잘 팔 방법을 생각했다. 우선 보기 싫은 싱크대와 화장실 문에 시트지 작업을 하기로 했다. 교체하기에는 돈이 너무 많이 들 것 같아서다. 업체에 맡겼는데 생각보다 가격이 비싸지 않았다. 그렇게만 해도 집이 달라 보였다. 주방이 환해졌고 화장실 문도 새것처럼 보였다. 다음은 등이었다. 조명가게에 가서 견적을 문의하니 100만 원이 넘게 나왔다. 너무 부담이 됐다. 혼자 고민하고 있는데 아는 동생의 친척이 LED를 교체할 줄 안다고 했다. 등은 직접 구입하고 시공만 부탁했다. 그렇게 했더니 훨씬 저렴한 가격으로 집 전체 등을 교체할 수 있었다. 특히 신경 쓴 것은 현관과 식탁의 등이었다. 이 집을 보러 오는 사람들에게 첫인상을 심어주는 건 현관의 분위기다. 그래서 최대한 밝은 전구와 요즘 유행하는 등으로 교체했다. 식탁 등도 좀 더 화려한 것으로 달았더니 주방 분위기가 확 살아났다. 아이가 어릴 때 갖고 놀던 장난감들도 모두 정리해서 동생에게 주었다. 그렇게 재정비했더니 새집처럼 보였다. 다시 집을 내놓았더니 보러 오는 사람마다 집이 너무나 깔끔하고 예쁘다고 했다. 어느 날 한 노부부가 집을 한번 보고는 계약하겠다고 했다. 몇 년 동안 팔리지 않아 고생했던 첫 집을 드디어 팔게 됐다.

이사를 자주 하면 돈 번다

이렇게 첫 집을 팔면서 배운 것이 있다. 우선, 집이 아무리 좋아도 눌러앉으면 안 된다는 것이다. 첫 집 인근에 친정 부모님이 사셨고, 동네가 조용하고 살기 좋았기 때문에 평생 그 집에 눌러앉으려고 했다. 그런 생각이다 보니 새 아파트로 갈아탈 기회를 계속 놓치고 말았다. 내가 그랬듯이, 주변을 보면 이사를 귀찮아하는 사람들이 많다. 하지만 돈을 벌려면 이사를 자주 다녀야 한다. 특히 집이 한 채인 사람들에게는 갈아타기가 중요하다. 지금 사는 곳보다 더 좋은 곳으로 갈아타야 자산을 늘려갈 수 있다. 대출은 빨리, 이사는 가볍게 한다면 집 한 채로도 충분히 자산을 늘려갈 수 있을 것이다.

내 아이가 갈 학교,
학군은 필수

아이가 있는 집은 실거주 집을 살 때 반드시 학군을 빼놓으면 안 된다. 첫 집을 마련할 때는 학군을 생각하지 못했다. 단순히 아이를 봐줄 친정 부모님이 사는 단지의 아파트라는 이유로 매수했다.

아이가 어릴 때는 학군이 전혀 신경 쓰이지 않았다. 단지 내에 어린이집이 있어서 보내면 됐고, 유치원도 인근에 선택할 수 있는 곳이 많았기 때문이다.

하지만 첫째 아이가 일곱 살이 되면서부터 고민이 시작됐다. 초등학교는 아파트 바로 앞에 있었지만, 중학교와 고등학교는 먼 곳에 있었다. 거리가 멀 뿐만 아니라 학부모들이 선호하는 학교가 아니었다. 하지만 이 집을 살 때 대출을 받았기 때문에 학군 좋은 곳으로 다시 이사 한다는 게 부담이 됐다. 그렇게 첫째의 초등학교 1학년을 그곳에서 보냈다.

학군이 집값에 미치는 영향

1학년 반 모임을 했는데 엄마들은 벌써부터 중학교 학군 이야기를 했다. 벌써 이사 갈 집을 사둔 엄마도 있었다. 그런 이야기를 들으니 마음이 흔들렸고, 집에 돌아오자마자 학군 좋은 아파트들을 찾아보기 시작했다. 앞서 입지를 볼 때도 살펴봤지만 학군은 아실에서 찾을 수 있다.

중학교 학군은 특목고 진학률로 보면 된다(고등학교 학군은 대학 진학률을 본다). 중학교 학군을 아실에서 조회해보면 대구 수성구에 있는 중학교가 상위권에 많다. 이렇게 특목고 진학률이 높은 중학교 인근의 아파트일수록 집값이 비싸다. 그만큼 수요가 많기 때문이다.

학군이 집값에 주는 영향을 잘 알 수 있는 곳이 대구 수성구 범어4 동이다. 그곳에 경신고등학교가 있다. 경신고는 자율형 사립고였다.

그런데 2017년 9월에 신입생 미달 사태를 이유로 대구교육청에 자사고 지정 취소를 요청했고, 승인이 났다. 이 일을 계기로 수성구 집값이 다시 한번 들썩였다. 경신고가 일반고로 전환되면서 수성구에 사는 아이들이 성적과 관계없이 명문 학교에 입학할 수 있게 됐기 때문이다.

경신고 인근의 범어풀비체 아파트의 시세 변화를 보면 학군이 부동산에 어떤 영향을 미치는지 알 수 있다. 2017년 11월에 7억 2,000만 원이던 아파트가 경신고의 일반고 전환 이후 2018년 10월 8억 7,000만 원이 됐다. 1년 사이에 1억 5,000만 원이나 오른 것이다. 범어풀비체 아파트에 살기만 해도 경신고에 입학할 수 있는 기대감이 반영됐다고 해석할 수 있다.

초등학교 학군도 중요하다

비단 중학교, 고등학교 학군뿐만 아니라 요즘에는 초등학교 학군도 집값에 많은 영향을 준다. 대구 수성구 범어4동에 빌리브범어 아파트가 있다. 이 아파트는 2021년 1월에 대구 전체 아파트 실거래가 중 최고가인 15억 4,000만 원에 거래되면서 주목을 받았다.

이 아파트를 선호하는 이유 중 하나가 바로 옆에 있는 경동초등학교 때문이다. 하지만 이곳은 한 반에 학생 수가 35명으로 과밀학급이다. 이로 인해 범어4동, 만촌3동의 재건축 사업이 어려움을 겪고 있기도 하다. 범어4동에는 경동초등학교 하나밖에 없다. 이곳에 꾸준한 학군 수요가 있는 상황에서 추가로 재건축 사업이 진행되다 보니 경동초등학교 과밀학급 문제가 더 심각해질 수밖에 없다. 학부모 입장에서는

경기 ▼	시구군 ▼	중학교 ▼	○ 학업성취도순 ● 진학률순						출처 : 학교알리미	

| 순위 | 위치 | 학교명 | 응시자수 | 국가수준 학업성취도 평가 (보통학력이상) | | | | 진학률 | | |
				평균	국어	영어	수학	특목고 진학률	특목고 진학수 (과학고/외고국제고)	졸업자수
1	가평군 설악면	청심국제중학교	101명	99.0%	100.0%	100.0%	97.0%	40.9%	43명 (3명/40명)	105명
2	고양시 일산서구	오마중학교	450명	92.0%	96.4%	92.2%	87.6%	8.1%	37명 (10명/27명)	454명
3	가평군 설악면	설악중학교	75명	57.3%	88.0%	52.0%	32.0%	7.3%	6명 (1명/5명)	82명
4	안양시동안구 평촌동	귀인중학교	360명	95.4%	97.2%	96.7%	92.5%	7.2%	26명 (2명/24명)	358명
5	고양시일산동구 마두동	정발중학교	389명	89.7%	94.3%	91.8%	83.0%	7.1%	28명 (11명/17명)	393명
6	안양시동안구 호계동	대안중학교	218명	91.7%	95.4%	91.7%	88.1%	7.1%	16명 (5명/11명)	225명
7	고양시 덕양구	고양제일중학교	381명	69.6%	85.6%	73.5%	49.7%	6.9%	27명 (0명/27명)	390명

출처: 아실

부담이 될 수밖에 없는 상황이다. 그래서 재건축 사업에 대한 반대가 많아 진행이 쉽지 않은 것이다.

고양시 일산서구의 사례를 보자. 고양시 일산서구 주엽동은 학군으로 유명한데, 대표적인 학교로 오마초등학교가 있다. 이것이 인근 아파트 가격에 많은 영향을 미친다. 그중에서도 문촌3단지우성은 오마초등학교를 품고 있고, 오마중학교도 길 하나만 건너면 갈 수 있다. 바로 옆에 문화공원이 있어 환경도 쾌적하다. 오마중학교는 경기도 전체 중학교의 특목고 진학률을 조회했을 때 2등이다(그림 4-1). 문촌3단지우성은 1994년에 준공돼 오래된 아파트인데도 37평의 매물 호가가 2021년 하반기 10억에 달한다. 학군이 집값에 어느 정도의 영향을 주

〈표 4-1〉 경동초등학교 학급 현황

(단위: 개, 명)

학년		1	2	3	4	5	6	계
학급수		6	7	9	10	11	11	54
학생수	남	114	125	181	170	205	206	1,001
	여	109	107	145	170	186	194	991
	계	223	232	326	340	391	400	1,912

출처: 경동초등학교 홈페이지

〈표 4-2〉 오마초등학교 학급 현황

(단위: 개, 명)

학년		1	2	3	4	5	6	계
학급수		6	7	9	10	11	11	54
학생수	남	69	94	127	119	117	149	678
	여	87	77	117	108	115	125	629
	계	156	174	244	227	232	274	1,307

출처: 오마초등학교 홈페이지

는지 알 수 있다.

이렇게 선호하는 초등학교의 특징은 고학년으로 갈수록 학급 수가 늘어난다는 것이다. 경동초등학교와 오마초등학교를 보면 이를 알 수 있다(표 4-1, 4-2). 다른 곳에서 학군을 보고 이사를 들어오는 수요가 많다는 얘기다.

부모들이 아이의 학군을 중요하게 생각하는 이유는 면학 분위기가

234

더 좋은 곳에서 아이를 키우고 싶기 때문이다. 어디에서 살아도 스스로 공부를 잘하는 아이가 있지만, 주변 분위기에 휩쓸리는 아이들도 있다. 요즘 부모들은 자기 아이의 성향에 맞춰 초등학교 때부터 학습 계획을 세우기 때문에 학군지에 대한 선호는 줄어들지 않을 것이다.

이렇듯 투자가 아닌 내 집 마련을 할 때는 처음부터 학군을 꼭 체크하는 게 좋다. 좋은 학군이 있는 곳에 좋은 아파트가 있다는 걸 잊지 말자.

제5장

3,000만 원으로 시작하는
부동산 투자 패턴 6

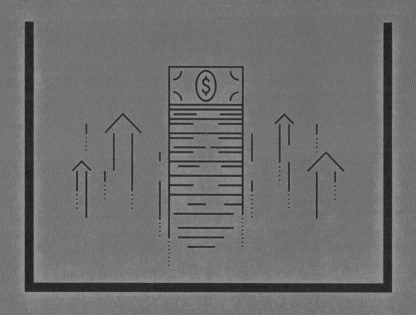

새 아파트를 가장 저렴하게 사는 비결

내 집을 사고 나서는 몇 년간 부동산에 별로 관심을 두지 않았다. 집을 살 때 받은 대출도 남아 있었기 때문에 다른 곳에 투자할 생각을 하지 못했다. 주변에 새 아파트가 많이 들어서 수요를 빼앗아가는 바람에, 내가 사는 아파트는 가격이 고점을 찍고 나서부터 계속 하락하기만 했다. 집을 팔 타이밍을 놓치고 만 것이다. 한숨이 절로 나왔다.

'그동안 뭘 하고 산 걸까?'

정말 바보 같았다. 더 바보 같은 건, 대출을 다 갚고도 그 집에 계속 눌러앉을 생각이었다는 것이다. 새 아파트로 갈아타려면 또 대출을 받아야 했기 때문이다. 6,000만 원의 대출을 5년 만에 상환하고 났더니 그런 생활을 또 해야 한다는 게 끔찍하게만 느껴졌다. 그래서 평생 이 집에서 살자고 남편과 이야기하기도 했다.

집값이 계속 내려가는 걸 보고 나서야 정신을 차리고 다시 부동산 공부를 시작했다. 계속 공부하다 보니 투자하면 확실히 수익이 날 수 있는 아파트들이 보이기 시작했다. 하지만 결정적으로 그 아파트를 살 종잣돈이 없었다. 그러다가 이런 생각이 떠올랐다.

'이 집을 팔아 종잣돈을 마련하면 되지 않을까?'

당시 관심 있게 지켜보던 아파트의 입주 시기가 다가왔고 분양권 매물이 있었다. 매매가가 대부분 7억 이상이었는데 이 분양권은 급매로 6억에 나와 있었다. 저층이기는 했지만 가격이 1억 이상 저렴했고, 게다가 풀옵션이었다. 6억에 그 아파트를 매수하고 전세를 3억에 놓는다면 3억의 투자금만 있으면 된다. 딱 집을 팔면 남을 금액이었다.

하지만 그렇게 하면 우리 가족이 살 집이 없어진다. 고민 끝에 월세로 들어가기로 했다. 남편에게 상의했더니 흔쾌히 동의해주었다. 운이 좋았는지 그렇게 팔리지 않던 실거주 집도 드디어 계약이 성사됐다. 그때부터 본격적으로 월셋집을 알아보기 시작했다. 주변 월세 시세를 알아봤더니 33평이 보증금 2,000만 원에 월 90~100만 원이었다. 생각보다 비쌌다. 하지만 이미 집을 팔고 투자하기로 마음먹었기에 매달 나가는 월세를 어떻게 마련할지를 생각했다. 생활비를 조금씩 줄이면 가능할 것 같았다.

처음에는 월세를 줄이기 위해 낡은 아파트로 가려고 했다. 하지만 그 집에 가서 보니 도저히 살고 싶은 마음이 들지 않았다. 남편과 둘뿐이라면 몇 년 고생한다고 생각하고 살면 그만이었다. 하지만 아직 어린 두 아이가 있었다. 돈도 돈이지만 그런 곳에서 아이를 키우고 싶지는 않았다. 그래서 돈을 조금 더 주더라도 쾌적하게 살 수 있는 곳을 알아봤다. 보증금 2,000만 원에 월 100만 원인 곳이 딱 하나 나와 있었다. 3년 정도 된 새 아파트였고 초등학교를 품고 있었다. 이곳이라면 아이들과 함께 충분히 살 수 있겠다는 생각이 들었다. 매달 나가는 월세는 대출금을 낸다고 생각하기로 했더니 마음이 한결 편해졌다.

저렴한 분양권을 찾다

그때부터 내가 투자하고 싶었던 대구의 흐름을 체크했다. 먼저 대구의 미분양 상황부터 살펴봤다(그림 5-1). 2019년 대구의 미분양은 많이 줄어든 모습이다. 미분양에 대한 리스크가 없었다.

그다음 입주 물량을 살펴보니 2016년부터 과잉 공급되던 물량이 2019년까지 줄어들었다(그림 5-2). 2020년부터 2024년까지 입주 물량은 적정 수요보다 훨씬 더 많이 공급될 예정이지만 나는 계속 대구에 거주할 계획이었기 때문에 그래도 대구에 집을 사기로 결정했다. 대신 대구에서 저평가된 지역의 새 아파트에 집중했다. 그렇다면 이제 대구 각 지역의 지표들을 분석해보자.

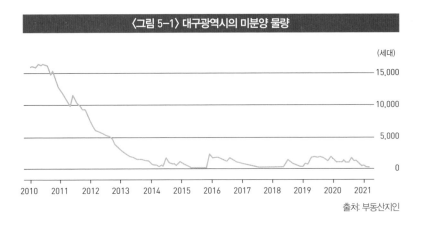

〈그림 5-1〉 대구광역시의 미분양 물량

출처: 부동산지인

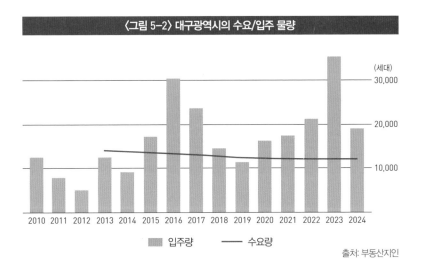

〈그림 5-2〉 대구광역시의 수요/입주 물량

입주량 ─── 수요량

출처: 부동산지인

　먼저 대구의 대표적인 중구와 수성구의 매매가격지수를 비교할 차
례다. 2019년 4월부터 2020년 9월까지 중구와 수성구의 매매가격지
수의 격차가 많이 벌어졌다(그림 5-3). 2017년 9월 대구에서 수성구만

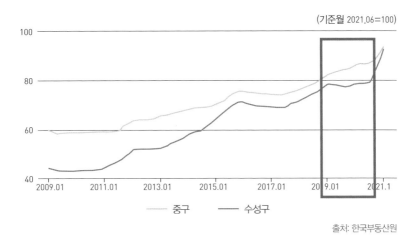

(기준월 2021.06=100)

출처: 한국부동산원

투기과열지구로 지정됐고, 이로 인해 수성구의 거래량이 급감했기 때문이다.

부동산 중개소에 연락해보면 소장님들이 폐업 위기에 처할 정도로 거래가 되지 않는다고 말하곤 했다. 수성구의 투기과열지구 지정 이후 풍선 효과가 발생해 수요가 중구로 흘러간 상황이었다. 이 지표를 보면서 수성구가 중구에 비해 저평가되어 있다는 걸 알게 됐다.

대구 중구를 보면 2019년 1월부터 2020년 7월까지 전세가격지수와 매매가격지수가 좁혀진 상태다(그림 5-4). 하지만 대구 수성구의 상승이 더 빨랐다(그림 5-5). 같은 지역이라도 입지가 더 좋을수록 상승의 흐름이 더 빨리 온다. 그래서 중구보다 수성구에 투자하기로 했다.

관심 있게 지켜보던 입주 단계의 분양권은 가격이 4억 정도였다. 그

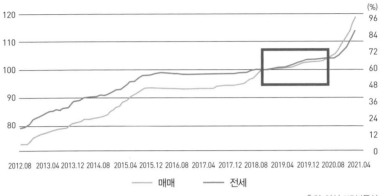

〈그림 5-4〉 대구 중구의 매매가격지수와 전세가격지수

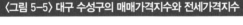

출처: 아실, KB부동산

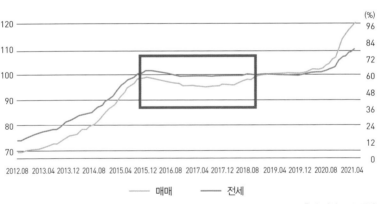

〈그림 5-5〉 대구 수성구의 매매가격지수와 전세가격지수

출처: 아실, KB부동산

러다가 입주를 할 때는 여기에 프리미엄이 최소 3억 정도는 붙었다.

계속 모니터링해오던 물건은 프리미엄이 2억 정도였다. 다른 물건보다는 저렴했지만 그래도 프리미엄을 2억이나 주고 사는 게 맞는지 너무 고민이 됐다. 그래서 중구에서 분양됐던 분양권들과 비교해보기로 했다.

대구의 수성구와 중구를 비교해보면 수성구가 중구보다 입지적으로 훨씬 좋은 곳이고 가격도 비싸다. 그런데 수성구가 2017년 9월 투기과열지구로 지정되면서 매수 심리가 급격히 얼어붙었다. 2019년 3월경에는 수성구 입주 단계의 분양권보다 비규제지역이었던 중구의 분양권이 더 비쌌다. 그걸 보면서 수성구의 분양권이 저평가됐다는 것을 확실히 알게 됐고, 분양권을 매수했다.

2021년 하반기는 수성구와 중구의 아파트 가격이 역전됐다. 역전이라기보다는 다시 제자리를 찾은 것이다. 중구의 분양권은 9억 정도이지만 입주 단계이던 수성구의 분양권은 12억 정도에 거래됐다. 부동산은 상대평가이기 때문에 이렇게 비교를 통해서만 이 아파트가 저평가인지 아닌지 알 수 있다. 특정 아파트 하나만 봐서는 절대로 파악할 수 없다.

또한 이 분양권이 저렴할 수 있던 것은 일시적으로 물량이 몰리는 입주 시기였기 때문이다. 입주를 하려면 잔금을 내야 할 뿐 아니라 그동안 받았던 중도금대출도 상환해야 한다. 자금 사정이 여의치 않은 사람들은 이때 큰 어려움을 겪게 되고, 잔금을 치르지 못한 아파트는 급매로 나오게 된다.

두 번의 매수 타이밍

분양권을 매수할 수 있는 타이밍은 두 번이 있다. 전매가 풀릴 때와 입주할 때다.

첫째, 전매가 풀리는 초반을 노려야 한다. 저평가 지역은 시간이 지날수록 공급 물량과 미분양 리스크가 감소한다. 이런 곳은 가격이 점점 상승하기 때문에 분양권의 전매제한이 풀리는 시기에 프리미엄을 주고 최대한 빨리 사는 게 좋다.

둘째, 입주장을 노려야 한다. 앞서 말한 이유로, 입주 단계에는 잔금을 치르지 못하는 급매가 나올 수 있다. 그리고 물량이 일시적으로 몰리기 때문에 급한 사람들은 가격을 낮춰서라도 팔려고 한다. 이것이 누군가에게는 기회가 된다. 분양권을 매수할 때는 프리미엄이 비싸다고 생각해선 안 된다. 분양가와 프리미엄을 합한 금액을 다른 아파트들과 비교해서 판단해야 한다.

당시 계속 모니터링했던 분양권은 분양가 4억에 프리미엄 2억이었다. 최근 분양하는 아파트는 분양가가 5억 원대 후반으로, 당시 분양가와 프리미엄을 합한 금액과 비슷하다. 하지만 입지적으로 이곳이 훨씬 좋기 때문에 상대적으로 저평가됐다고 판단됐다. 게다가 같은 단지 내에서도 저층이긴 하지만 프리미엄이 1억 이상 저렴했기 때문에 매수를 결정했다.

입주장에서 전세 맞추기

분양권을 매수하면, 처음에는 계약금을 내고 한 달 정도 안에 잔금을 치르는 동시에 명의 변경까지 이뤄진다. 명의 변경을 하고 전세를 내놓았는데, 하필이면 인근 지역까지 입주가 일시적으로 몰렸다. 특히 투기과열지구였기 때문에 다주택자는 잔금대출이 되지 않았고, 기존 주택 처분 조건을 충족한 1주택자의 경우에도 KB시세의 40퍼센트까지만 대출이 됐다.

그때는 중도금대출과 잔금대출을 받아도 실제 입주를 해야 한다는 요건이 없었고, 이 단지는 등기를 하기 전에 전매가 가능한 곳이었다. 그래서 같은 단지 내에서도 전세 물건이 많이 나왔다. 처음에 예상한 가격은 3억이었는데, 분위기를 보니 전세가를 낮춰야만 할 것 같았다. 그래서 2억 8,000만 원으로 낮춰 내놓았다.

입주 단계에서 전세를 잘 맞추기 위해서는 다른 물건에 비해 경쟁력이 있어야 한다. 그래서 소장님에게 물건 소개 문구에 이렇게 적어달라고 했다.

'시스템에어컨 4대, 풀옵션, 줄눈, 탄성코트 및 이사청소 해드림.'

줄눈과 탄성코트는 세입자에게도 좋지만 그렇게 하면 곰팡이가 잘 생기지 않기 때문에 집을 관리해야 하는 집주인에게도 좋다. 줄눈, 탄성코트, 이사청소 비용이 들긴 했지만 이렇게라도 해서 전세를 놓을 수 있다면 감사하다고 생각했다. 그리고 거의 100군데가 넘는 부동산 중개소에 문자를 보내 전세 물건을 내놓았다. 소장님들은 자신의 물건이어야 더 적극적으로 나선다. 그러니 매매든 전세든, 최대한 많은 부동산 중개소에 내놓는 게 좋다. 일일이 전화하려면 힘드니까 문자로 보내면 된다.

부동산 투자는 하고 싶은데 종잣돈이 없어서 못 한다고 생각하는 사람이 많다. 하지만 종잣돈을 마련하는 방법은 생각보다 많다. 대출을 활용할 수도 있고, 살고 있는 집을 팔아 월세로 들어가는 방법도 있다. 어떤 것이 정답이라고 할 수는 없다. 자신이 처한 상황에서 가장 적합한 방법을 찾으면 된다.

유념할 것은 대출이든 월세든 매달 반드시 내야 하는 비용이 발생한다는 것이다. 그 비용을 충분히 감당할 수 있느냐가 중요하다. 나는 생활이 조금 빡빡해지더라도 생활비를 조금씩 아끼면 월세 100만 원은 충분히 낼 수 있다고 생각했다. 지금 비록 월세를 살지만 우리 자산은 무럭무럭 자라고 있다고 생각하면 힘이 났다. 이처럼 불편함을 견디면 길은 반드시 열린다는 사실을 꼭 기억했으면 좋겠다.

잘 고른 미분양 분양권이 큰돈 된다

미분양이 난 분양권은 잘 고른다면 종잣돈이 없는 초보들에게 최고의 투자처라고 생각한다. 계약금만 있으면 입주 때까지 가지고 갈 수 있기 때문이다. 규제지역이 아니라면 중간에 전매도 가능하다.

미분양 났던 천안, 지금 얼마?

2019년 천안에는 미분양이 정말 많았다. 왜 그랬을까?

천안의 입주 물량을 조회해보면, 2015년부터 2018년까지 입주 물

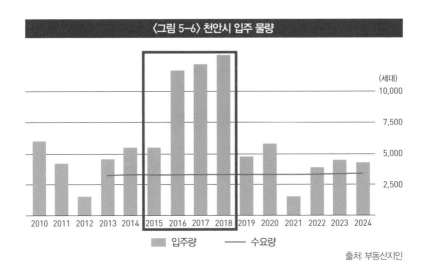

〈그림 5-6〉 천안시 입주 물량

입주량 ——— 수요량

출처: 부동산지인

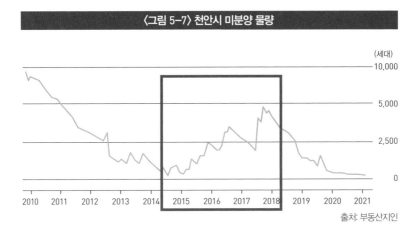

〈그림 5-7〉 천안시 미분양 물량

출처: 부동산지인

량이 적정 수요 이상으로 공급됐음을 알 수 있다(그림 5-6). 4년간 엄청

난 물량이 쏟아졌기 때문에 매매가와 전세가가 하락할 수밖에 없었다.

미분양 물량을 보면, 2015년부터 쌓이기 시작해서 2017년에 일시적으

출처: 천안시청

로 줄었다가 다시 2018년까지 급격하게 쌓였음을 알 수 있다(그림 5-7).

미분양이 난다는 것은 이 지역 사람들이 새 아파트에 관심을 갖지 않는다는 뜻이다. 집 사기를 두려워한다는 얘기다. 이제 구체적으로 어떤 단지들이 미분양이 났는지를 알아야 한다. 이를 확인하려면 지자체 홈페이지를 방문하면 된다(그림 5-8). 업체별로 어떤 단지들에서 미분양이 발생했는지가 정리돼 있다.

각 지자체에서 공개한 미분양 현황의 구체적 수치를 살펴보면서 미분양 개수가 전달에 비해 급격하게 줄어드는 시점을 체크해야 한다. 미분양이 줄어든다는 것은 천안 사람들이 이제는 새 아파트에 관심을 갖고 사기 시작했다는 의미다.

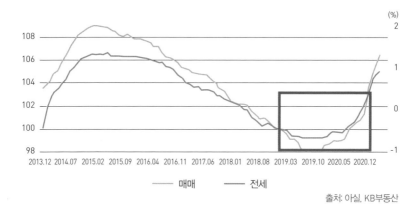

매매   전세

출처: 아실, KB부동산

공급과 미분양이 천안의 매매가격지수와 전세가격지수에 어떤 영향을 줬는지 살펴보자. 2015년 4월에 고점을 찍고 매매가격지수와 전세가격지수가 하락하기 시작했다(그림 5-9).

그리고 2019년 9월에 저점을 찍고 보합으로 가다가 2020년 1월부터 매매가격지수와 전세가격지수가 상승하고 있다. 이 중에서 유심히 봐야 하는 것이 전세가격지수다. 2019년 3월부터 2020년 11월까지는 전세가격지수가 매매가격지수보다 위에 있다. 이는 임대 수요가 받쳐주고 있다는 것을 의미한다. 그에 비해 2015년부터 2019년 2월까지의 하락 구간을 보면 전세가격지수가 매매가격지수보다 아래에 있다. 이는 임대 수요가 받쳐주지 못했다는 것을 의미한다.

전세가격지수가 상승하면 임대 수요가 매매 수요로 전환되기 때문에 매매가격지수를 밀어 올리게 된다. 2020년 11월 이후는 매매가격지수가 전세가격지수를 추월해서 급등하고 있다.

이 지표들을 보고 천안이 얼마 지나지 않아 상승하리라고 확신할 수 있었다. 입주 물량을 보면 2018년 이후 급감했고 미분양 역시 2018년 이후 드라마틱하게 감소했다.

매매가격지수와 전세가격지수 역시 2019년 9월에 저점을 찍고 보합인 상태였다. 그래서 2019년 9월 천안의 미분양 분양권을 매수했다. 그 단지의 분양가는 3억 2,000만 원 정도로 계약금 3,200만 원만 있으면 매수할 수 있었다. 천안은 규제지역이 아니었기 때문에 언제든 전매도 가능했다. 현재 이 아파트는 4억 원 대 중반에 거래된다.

김해 역시 저평가 지역이다. 2020년 상반기에 매수할 당시, 고분양가 탓에 미계약이 난 물건이 있었다. 김해는 비조정지역이므로 분양가의 10퍼센트만 있으면 매수가 가능했다. 분양가가 4억 6,000만 원 정도였으니 4,600만 원으로 매수할 수 있었다. 2021년 하반기 현재는 매매가가 5억 8,000만 원으로 수익률은 260퍼센트 정도다.

세금은 줄이고 수익은 키우는 비법

2021년 6월 1일부터 양도세율이 인상됐다. 분양권의 경우 보유 기간이 1년 미만이면 70퍼센트, 소유권이전등기를 하기 전까지는 60퍼센트다. 양도세율이 높기 때문에 세금 관리를 하지 못하면 수익폭이 크게 줄어들 수 있다. 그래서 추천하는 방법이 소유권이전등기를 하는 것이다. 등기를 하고 2년을 보유하면 주택이기 때문에 일반과세로 양도할 수 있다. 이 전략이 분양권을 매도해서 수익을 내는 가장 좋은 방법이라고 생각한다.

미분양 분양권을 활용하면 투자금은 적게 들이면서 큰 수익을 낼 수 있다. 하지만 아무 지역이나 사면 절대 안 된다. 반드시 흐름을 분석한 뒤 상승의 흐름을 타게 될 지역을 선택해 사야 한다. 제3장에서 제시한 지표들을 잘 체크한다면 상승이 확실한 좋은 분양권을 저렴한 가격으로 선점할 수 있을 것이다.

돈이 없다고 지레 포기하지는 말자. 계약금이 없다면 신용대출을 받아서 내는 방법도 있다. 중도금의 경우 비규제지역은 60퍼센트까지 대출을 해준다. 그리고 나면 입주 때까지 돈 들어갈 일이 없다. 입주 시점이 되면 전세를 놓을 수도 있다. 전세가에 따라 마련해야 할 돈이 달라지긴 하지만, 상승하는 지역은 전세 물량 부족으로 전세가가 분양가만큼 높아지기도 한다. 대개 입주하기까지 3년 정도의 시간이 있기 때문에 그 안에 돈을 모을 수도 있다. 그러니 확신이 생기면 물러서지 말고 적극적으로 나서자.

투자금은 줄이고 수익률은 높이다

앞서 몇 번 언급한 전세를 이용한 투자법을 구체적으로 소개하겠다. 집을 살 때 대출을 받으면 매월 이자는 나가지만 예금이나 적금으로 돈을 모으는 것보다 훨씬 빠르게 집을 살 수 있다. 전세를 이용하는 방법도 대출과 비슷하다.

예를 들어 3억짜리 아파트가 있다고 해보자. 원래는 이 아파트를 사려면 3억을 가지고 있어야 한다. 아니면 주택담보대출을 받아야 하는데, 요즘은 집을 소유하고 있을 경우 다른 아파트를 사기 위해 주택담보대출을 이용할 수 없다.

이런 상황에서 전세를 이용한다면 어떨까. 3억짜리 아파트를 산다고 할 때, 전세가가 2억이라면 내 돈은 1억만 있으면 된다. 아껴 모은 종잣돈에 몇천만 원의 대출을 받으면, 조금 빠듯하긴 하지만 그래도 충분히 마련할 수 있는 액수다.

요즘은 임대차 3법에 포함된 계약갱신청구권으로 인해 전세 물량이 급감하고 있다. 앞서 잠깐 언급했듯이, 계약갱신청구권은 세입자가 전세계약 만료 전 갱신을 요구하면 1회에 한해 수용하게 한 제도다. 이렇게 갱신되는 물건이 늘어나면서 전세 물건이 급감했고, 전세 수요가 몰리면서 가격이 급등했다.

모든 일에는 양면성이 있다. 전세를 구해야 하는 분들 입장에서는 전세가가 올라서 힘들 수 있지만, 투자자 입장에서는 전세가가 올라주었기에 투자금이 적게 든다. 즉, 전세를 이용하면 투자금은 줄이고 수익률은 더 높일 수 있다.

강원도 원주의 사례

강원도 원주의 사례를 살펴보자. 원주 A 아파트 단지의 정보는 다음과 같다. 관심 아파트를 확인할 때 다음의 내용을 가장 먼저 확인해야 한다는 걸 잊지 말자.

• 준공 시기: 2018년 11월

- 세대수: 508세대
- 매매가: 3억 3,000만 원
- 전세가: 2억 7,000만 원

전세 활용 여부에 따라 수익률을 비교해보자. 3억 3,000만 원을 온전히 자기 돈으로 내고 산다면, 3억 3,000만 원이 올라야 수익률이 100퍼센트가 된다. 그런데 전세를 끼고 집을 산다면 필요한 투자금은 6,000만 원(3억 3,000만 원 − 2억 7,000만 원)이므로 6,000만 원만 올라도 수익률이 100퍼센트가 된다.

무주택자라면 주택담보대출을 받는 방법도 있다. 대출이 60퍼센트까지 나온다고 가정하면 1억 9,800만 원까지 받을 수 있다. 그러면 내 돈은 1억 3,200만 원이 필요하다. 하지만 현재 주택담보대출은 매월 원금과 이자를 상환해야 한다. 또한 규제지역인 경우 대출을 받기가 어렵고, 받을 수 있다고 하더라도 한도가 많이 줄어든다. 그에 비해 전세를 활용하면 대출을 받지 않아도 되므로 부채 상환 부담이 없다.

전세를 놓을지 말지는 매매계약을 하기 전에 결정해야 한다. 전세보증금을 활용해서 잔금을 치르려면 소장님에게 미리 말해두면 된다. 매매 잔금일을 전세 잔금일과 같게 해서 전세보증금으로 매매 잔금을 치르는 것이다.

이때 잔금일을 최대한 넉넉하게 잡아두는 게 좋다. 전세 물량이 많을 경우, 입주장일 경우 등 상황에 따른 다양한 잔금 전략이 필요하다.

세입자와의 치밀한 공생 관계

전세를 맞추었다고 끝이 아니다. 세입자와 무조건 잘 지내야 한다. 나는 전세계약을 할 때 세입자에게 항상 선물을 준다. 그리고 여름철이 되면 수박을 보내고, 세입자의 생일에 커피 쿠폰을 보내기도 했다. 최근에 세입자가 직장 문제로 다른 곳으로 이사해야 한다고 했다. 사는 동안 하자도 알아서 처리해줘서 고마운 마음에 케이크 쿠폰을 보냈더니 감사 인사 카카오톡이 왔다.

어떤 집주인은 세입자와는 전화 통화를 잘 하지 않고 문자로 대화하며 사무적으로 대한다고 한다. 하지만 세입자와는 무조건 잘 지내야 한다. 특히 이제 막 입주한 새 아파트라면 더더욱 그렇다. 요즘 새 아파트는 정말 하자가 많기 때문이다.

전세를 놓기 전에 하자를 정말 꼼꼼하게 체크하고 보수 신청을 했다. 하지만 살면서 생기는 하자도 정말 많았다. 화장실 타일에 금이 가고 마룻바닥이 들떴다. 옵션으로 했던 붙박이장은 문짝이 맞지 않았다. 이런 하자들은 그 집에서 살아봐야 알 수 있다.

전세계약을 할 때 특약사항에 '세입자는 하자보수에 적극적으로 참여한다'라는 문구를 넣는 것이 좋다. 하지만 사람을 움직이게 하는 건 역시 진심이라고 생각한다. 진심으로 배려해주는 마음이 느껴지면 세입자도 최대한 협조하려고 한다.

전세는 우리나라에만 있는 임대차 제도다. 세입자 입장에서는 전세보증금만 있으면 주거 문제를 해결할 수 있다. 전세보증금이 부족할 경우 전세 자금을 대출받으면 이자만 내면서 살 수도 있다.

집주인 입장에서는 목돈이 들어오기 때문에 투여해야 하는 자금을 줄일 수 있다. 이렇게 양쪽의 필요가 맞기 때문에 전세제도가 없어지지 않고 계속 이어지는 것 같다. 전세를 잘 활용해서 투자금을 줄여보자. 그러면 종잣돈이 부족하더라도 충분히 좋은 부동산에 투자할 수 있을 것이다.

아파트 매매 시 잔금일 전까지 전세 잘 놓는 방법

- 최소 2개 이상의 부동산 중개소에 전세 물건을 내놓는다.
- 계약 시 잔금일은 최대한 넉넉하게 설정한다.
- 전세 물량이 많은 지역이라면 평균보다 1,000만 원 정도 낮춰 전세를 내놓는다.
- 도배, 싱크대 등을 저렴하게 새로 해서 집 상태를 최대한 좋게 만든다.

과거 공급이 많았던
수도권 지역을 찾아라

분양권 투자만 하다가 수도권에 있는 신축 아파트를 보게 됐다. 평택
이었다. 평택은 다양한 호재가 많은 곳이다. 평택 고덕신도시는 삼성
전자 평택캠퍼스가 이미 들어와 있어 고소득 직장인들이 거주하며 인
구도 계속 유입되고 있다. 또한 최근 서울로 연결되는 교통까지 혁신
적으로 개발되면서 이 지역의 전망은 밝다. 그러나 이렇게 명확히 눈
에 보이는 호재가 있더라도 지표 분석을 소홀히 하면 안 된다. 공급 물
량, 매매가격지수와 전세가격지수, 미분양 물량 등을 보며 데이터로
흐름을 파악하는 게 중요하다. 데이터를 확인하는 순서는 중요하지 않
으니 아래 방법을 차근차근 따라 하면 된다.

평택 신축 아파트 매수 사례

2020년 평택의 상황부터 정리해보자.

평택 아파트의 공급 물량 확인하기

평택은 2014년부터 공급이 늘어나기 시작해 2015년부터 급증했고
(그림 5-10). 2022년까지 공급 물량이 많다. 앞으로 어떤 곳에 어떤 단
지들이 공급되는지도 중요하다. 아실에서 2021~2024년에 평택에 입
주하는 아파트 단지 현황을 살펴봤다(그림 5-11). 힐스테이트, e편한세
상 등 최고급 브랜드 아파트는 아니지만 어느 정도 이름 있는 브랜드
아파트들의 입주가 예정돼 있다.

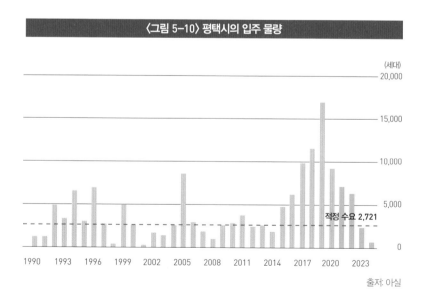

〈그림 5-10〉 평택시의 입주 물량

출처: 아실

〈그림 5-11〉 평택시에 입주하는 단지 현황(2021~2024)

APT 입주물량

위치	단지명 −	입주년월 ∧	총세대수 −
경기 평택 고덕면	고덕리슈빌파크뷰	2021년 11월	730세대
경기 평택 고덕면	호반써밋	2021년 11월	658세대
경기 평택 지제동	지제역더샵센트럴시티	2022년 5월	1,999세대
경기 평택 고덕면	호반써밋고덕신도시Ⅱ	2022년 5월	766세대
경기 평택 고덕면	고덕국제신도시대광로제비앙(A-4...	2022년 6월	639세대
경기 평택 용이동	e편한세상비전센터포레	2022년 9월	583세대
경기 평택 고덕면	평택고덕지구A-39블록	2022년 11월	811세대
경기 평택 동삭동	e편한세상지제역	2022년 12월	1,516세대
경기 평택 고덕면	고덕신도시제일풍경채2차에듀	2023년 2월	877세대
경기 평택 현덕면	이안평택안중역	2023년 3월	610세대
경기 평택 고덕면	고덕신도시제일풍경채3차센텀	2023년 3월	820세대
경기 평택 고덕면	평택고덕A-54블록	2023년 5월	1,582세대
경기 평택 세교동	평택지제역자이	2023년 6월	1,052세대
경기 평택 고덕면	평택고덕A-3블럭신혼희망타운	2023년 9월	496세대
경기 평택 안중읍	안중역지엔하임스테이	2024년 1월	834세대
경기 평택 칠원동	평택지제역동문디이스트5단지	2024년 2월	741세대
경기 평택 고덕면	힐스테이트고덕스카이시티	2024년 5월	665세대
경기 평택 고덕면	힐스테이트고덕센트럴	2024년 8월	660세대

출처: 아실, 분양물량조사

2022년까지 입주 물량이 많긴 하지만 고덕면에 입주가 집중되어 있다. 이렇게 좋은 입지에 공급되는 물량은 수요가 많기 때문에 충분히 소진될 것으로 보인다.

평택 아파트의 미분양 확인하기

〈그림 5-12〉를 보면 2015년 9월부터 미분양이 증가했고, 2019년 9월부터 급감하기 시작했음을 알 수 있다. 미분양이 감소한다는 말은 새 아파트에 대한 수요가 증가하고 있다는 의미다. 최근의 모습을 보면 미분양 리스크가 거의 없다는 것을 알 수 있다.

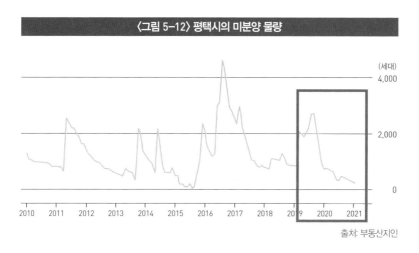

〈그림 5-12〉 평택시의 미분양 물량

출처: 부동산지인

평택 아파트의 매매가격지수와 전세가격지수 확인하기

평택의 매매가격지수와 전세가격지수의 흐름을 보자(그림 5-13). 2017년 6월에 고점을 찍었고, 입주 물량과 미분양의 증가로 3년 가까이 하락을 지속했다. 2020년 2월에 저점을 찍고, 2020년 3월부터 본격적으로 상승하기 시작했다.

2019년 4월부터 전세가격지수가 매매가격지수보다 위에 있다. 즉,

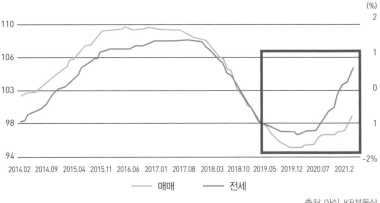

임대 수요가 받쳐준다는 뜻이다. 2021년 2월 이후 전세가격지수가 매매가격지수보다 높은 상태로 동반 상승하고 있는데, 곧 임대 수요가 매매 수요로 전환되면서 매매가격지수가 전세가격지수를 추월하여 급등하리라고 예상할 수 있다.

현장 분위기 확인하기

이 지표들을 보고 2020년 4월에 평택의 신축 아파트를 보러 임장을 갔다. 1군 브랜드에 2,000세대가 넘는 대단지였으며, 연식도 입주한 지 1년밖에 지나지 않았다. 그런데 매매가를 보고 깜짝 놀랐다. 3억 원대에 불과했기 때문이다. 당시 대구의 변두리 아파트가 3억 원대였다. 천안의 대장 아파트인 지웰더샵이 8억 원 정도였고 평택의 대장인 고덕면 자연앤자이가 5억 2,000만 원 정도였다. 천안 대장과 평택 대장의 가격이 3억 원 가까이 차이가 나는 셈이다.

아무리 생각해도 평택 1.5군 입지의 아파트가 3억 원대라는 건 너무 저렴하다는 생각이 들었다. 이런 확신 속에 매물을 찾아 나섰다.

투자를 결정하고 매수하기

상승의 흐름을 감지한 매도자들이 매물을 조금씩 거둬들이는 분위기여서 매물을 찾기가 쉽지 않았다. 새벽에 일어나 스케치북을 펼쳐놓고 네이버부동산을 보면서 그 단지 매물을 모두 적어 내려갔다. 그렇게 적다가 한 부동산에 단독 물건으로 나와 있는 매물을 발견했다.

그 부동산에 연락하니 지인의 매물이라고 했다. 당장 다음 날 그 매물을 보러 갔다. 그곳은 집주인이 살던 곳이라서 깨끗하게 잘 관리되고 있었다. 그 단지는 커뮤니티 시설에 수영장도 있고, 단지 안에 큰 공원도 있었다. 직접 이사해서 살고 싶을 정도로 마음에 들었다. 하지만 문제는 전세를 놓는 것이었다.

매수 후 전세 맞추기

2020년 4월에도 평택에는 입주 물량이 많았다. 그러다 보니 전세가가 너무 낮았다. 계약을 하기 전에 소장님에게 잔금일을 4개월 후로 해달라고 요청했다. 소장님의 연락을 받은 집주인이 다행스럽게도 흔쾌히 수락해줬다.

전세가는 시세보다 1,000만 원 정도 싸게 내놓았다. 예전에 전세가를 높게 받으려고 하다가 전세를 못 맞춰서 고생한 적이 있어서다. 전세가를 높게 받는 것보다 낮게라도 어떻게든 전세를 맞추는 것이 더 중요했다. 전세를 못 맞추면 내가 대출을 받아 메워야 하고, 전세를 맞출 때까지 대출이자를 내야 한다. 어중간하게 전세가 맞춰져 대출금을 갚으려 하다 보면 중도상환 수수료를 내야 할 수도 있다. 그런 일을 겪고 보니 어느 정도 욕심을 내려놓게 됐다. 다행히 잔금일 전까지 전세를 맞출 수 있었다. 잔금일보다 한 달 전에 전세를 들어오겠다고 했다. 매도자가 그 시점에 맞춰서 집을 비워줘서 다행히 계약을 마무리할 수 있었다.

원리를 아는 사람은 겁을 내지 않는다

2020년 4월 매수 당시 3억 8,000만 원 정도였던 평택의 아파트가 2021년 하반기 7억에 실거래 신고가 됐다. 매수한 지 1년 만에 3억 2,000만 원이 오른 것이다. 전세를 2억 3,000만 원에 놓았으므로 투자금이 1억 5,000만 원이었다. 현재까지 수익률이 213퍼센트 정도다.

얼마 전 세입자한테 연락이 와서 직장 문제 때문에 다른 곳으로 이사를 가게 됐다고 했다. 최근 전세가를 알아보니 3억 3,000만 원 정도면 맞출 수 있다고 한다. 그렇게 하면 투자금 중 1억 원을 더 회수할 수 있다.

결론적으로 이 단지에는 투자금이 5,000만 원만 들어간 셈이 된다. 평택에는 아직 대세 상승기가 오지 않았다. 앞으로 더 큰 상승이 예상되므로, 투자금이 줄어든 만큼 수익률은 더 극대화될 것이다.

이렇게 흐름 분석을 통해 타이밍만 잘 잡으면 정말 저렴할 때 좋은 아파트를 매수할 수 있다. 운이 좋으면 투자금이 1년 만에 회수되기도 한다. 이 단지를 매수할 때 주변 지인들은 평택은 위험하다며 투자하지 말라고 했었다.

하지만 꾸준히 공부하고 투자의 원리를 아는 사람들은 겁을 내지 않는다. 그 지역에 대한 확신이 있기 때문이다. 지금도 늦지 않았다. 저평가 지역만 찾을 수 있으면 훨씬 더 높은 수익률을 가져다줄 투자를 할 수 있다.

패턴 5. 저평가 구축 아파트

대체할 수 없는 구축 아파트를 찾아라

당연하게 들리겠지만, 부동산 투자를 할 때는 새 아파트를 사는 게 좋다. 그러나 투자금 때문에 그럴 수 없는 경우도 있다. 이럴 때는 입지 좋은 구축 아파트로 눈을 돌려보자.

입지를 볼 때 무엇을 먼저 고려해야 하는지는 앞서 밝혔다. 바로 학군, 상권, 호재, 자연환경이다. 부동산에서 언제나 중요한 요소들이지만 특히 구축 아파트를 볼 때는 더 주의를 기울여야 한다.

이론적인 부분은 앞서 다뤘으므로, 여기서는 구축 아파트를 매매할 때 입지를 어떻게 판단하고 접근해야 하는지를 중점적으로 이야기하겠다.

구축은 첫째도 입지, 둘째도 입지다

아파트는 오래돼도 학군은 영원하다

서울·수도권과 지방 아파트 모두 구축 아파트는 특히 학군이 중요하다. 학군지 근처의 아파트는 연식이 오래되어도 그 가치가 내려가지 않는다. 학군으로 유명한 평촌의 초품아 구축 아파트들은 20년이 넘었는데도 타지역 신축 아파트 버금가는 가격을 형성하고 있다. 끊이지 않는 전세 수요가 보장되어 있기 때문이다.

아파트 주변 상권 확인하기

사람들은 멀리 있는 상권보다 집에서 가벼운 차림으로 나와 이용할 수 있는 상권을 선호한다. 간단히 요기하고 싶을 때 나가서 음식을 포장해 올 수도 있고 쇼핑도 할 수 있는 곳 말이다. 소아과가 아파트 단지 바로 옆에 있으면 정말 좋다. 내가 매수했던 구축 아파트는 상권이 정말 좋았다. 스타벅스, 맥도날드는 기본이고 소아과도 여러 곳이 있었다. 매수하고 싶은 아파트를 발견했으면 걸어서 또는 차를 운전해서 그 아파트 주변을 둘러보며 실거주민의 마음으로 상권을 차근차근 살펴봐야 한다.

교통 호재 확인하기

교통도 중요하다. 특히 수도권에서는 정말 중요하다. 서울에 있는 일자리로 최대한 빨리 갈 수 있는 교통편이 있다면 집값에 크게 반영된다. 2020년 수원 화서, 호매실 등에 신분당선 연장 호재가 있었다. 신분당선 예비타당성 조사를 통과한 후 이 지역 아파트들의 가격이 급등했다. 신분당선을 이용하면 호매실에서 광교를 지나 강남까지 한 번에 갈 수 있기 때문이다. 현재 이 지역에서 강남을 가려면 광역버스를 이용해도 1시간 30분 정도가 걸린다. 이런 불편을 획기적으로 해결해주는 교통편이 등장했으니 가격 상승은 당연하다고 하겠다.

서울 강동구 고덕에 있는 단지들은 9호선 4단계 연장 호재로 2021년 하반기 현재 강세를 보이고 있다. 이 노선을 이용하면 강남까지 30분도 걸리지 않는다. 이렇게 교통 호재가 있는 곳의 아파트들은 단계별로 가시화가 될 때마다 가격이 오른다.

하지만 지방 광역시는 지하철과 같은 교통 호재가 수도권만큼 크게 작용하지는 않는다. 차로 1시간이면 웬만한 곳은 다 갈 수 있기 때문이다. 매수했던 구축 아파트는 지하철이 바로 앞에 있었다. 그런 점이 편하긴 했지만, 지방에서는 지하철이 입지를 체크할 때 필수 요소는 아니다.

지방 도시들의 교통 호재는 서울·수도권과는 차이가 있다. 지방은 수도권에 비해 인구밀도가 낮고 자차 이용률이 높기 때문에 교통 호재에 대한 수요가 수도권보다는 높지 않다.

지방은 우선 철도교통망에 대한 호재의 영향이 크다. 아무래도 지방 도시들은 서울·수도권과 단절된다는 느낌이 강하기 때문에 그 도시들과 이어주는 철도망에 대한 호재가 큰 영향을 준다. 최근 대구광역시 동구 신암뉴타운이 주목을 받는 이유는 바로 옆에 KTX를 이용할 수 있는 동대구역이 있다는 점 때문이고, 대구의 낙후지역인 서구가 주목을 받는 이유도 서대구 KTX 역사 신설 때문이다. 지방 소도시들 역시 서울·수도권으로의 이동 시간을 축소시켜주는 철도의 영향을 많이 받는다. 예를 들면 원주의 경강선 여주~원주 연장(예정) 호재, 춘천~속초를 잇는 동서고속화철도 호재, 아산~익산을 잇는 장항선 복선전철 사업이 그것이다.

IC가 신설되는 것도 호재다. IC가 가까이 있으면 지역 간의 접근성이 높아지기 때문에 이동이 편리하고, 인구도 활발히 유입된다. 지방 도시들은 대중교통 인프라가 부족한 곳이 많기 때문에 IC를 이용해서 도심 내 업무지구나 시외 고속도로 빠르게 진입할 수 있다는 점에서 큰 호재로 작용한다.

또한 인구가 적은 소도시일수록 시외버스터미널이 인접한 곳을 선호한다. 이런 곳은 상권이 잘 형성돼 있고 다른 도시로 빠르게 이동할수 있기 때문에 그만큼 수요가 많이 몰린다. 요즘 시외버스터미널은 복합환승터미널 형태로 짓고 백화점과 같은 대형쇼핑센터와 연결하는 경우가 많아서 이런 것들이 지방 도시에는 큰 교통 호재로 작용한다.

자연환경

입지를 볼 땐 자연환경도 고려한다. 집 근처에 걸어서 산책할 수 있는 공원이 좋다. 세종시에 임장을 가보고 가장 부러웠던 점이 아파트마다 바로 옆에 공원들이 있다는 점이었다. 임장을 다니다가 세종호수공원에 들러서 공놀이를 했다. 청주 오송읍에 있는 아파트들도 연식이 10년이 넘었지만 바로 옆에 오송호수공원이 있어서 아직도 선호되는 곳이다. 매수했던 곳도 바로 옆에 공원이 있어서 좋았다.

가격 방어가 우선이다

이상의 조건들에 부합하는 곳을 발견해서 구축 아파트인데도 매수를 검토했다. 무엇보다 가격이 중요했다. 그 단지에 있는 매물들을 보면서 급매가 있는지부터 검토했다. 주변 시세보다 3,000만 원 이상 저렴한 급매가 있었다. 그 매물을 보러 갔는데, 10년이 넘은 구축이라는 점을 생각해도 내부가 너무 낡아 보였다.

같은 연식이라도 관리 측면에서 차이가 있었다. 이 집은 주인이 처음 매수한 뒤 10년 이상 살면서 전혀 손을 보지 않았다. 확장도 되어 있지 않았다. 예전에 지어진 아파트들은 광폭 베란다인 경우가 많다. 이런 곳을 확장하면 집을 정말 넓게 쓸 수 있다.

결국 이 아파트 단지의 39평을 매수했다. 당시 대구에는 33~34평짜리 아파트가 가장 많이 공급됐다. 이 단지가 있는 인근 아파트들을 봐도 33평이 대부분이었다. 그래서 39평이 상대적으로 희소성이 있다고 판단했다. 이 아파트 투자를 간략하게 정리하면 다음과 같다.

2018년

5억 5,000만 원(매매가) − 4억 1,000만 원(전세가)

= 1억 4,000만 원(투자금)

2021년

6억 6,000만 원(매매가) → 차익 1억 1,000만 원(수익률 72퍼센트)

그동안 매수했던 다른 신축 아파트들에 비하면 수익률이 낮은 편이다. 구축 아파트를 선택할 때는 이 점도 잘 생각해야 한다. 수도권 일부 지역을 제외하고는 구축과 신축의 양극화가 점점 더 심해지고 있다. 정말 대체할 수 없는 곳이라면 구축이라도 가격 방어가 충분히 되지만, 그렇지 않은 경우도 많다.

또 다른 사례도 있다. 대구 수성구 범어동의 범어SK뷰로, 2009년에 준공된 구축 아파트다. 최근에 매매가 약 12억에 실거래가 됐다. 이곳은 경신중, 오성중, 동도중, 경신고 등이 인접해 있는 대구의 대표적인 학군 지역이다.

이렇게 대체할 수 없는 구축 아파트는 가격이 오른다. 이런 곳들을 제외하고, 대체할 수 있는 새 아파트가 주변에 많이 생기면 수요를 뺏기게 된다. 구축 아파트를 매수할 때는 신축과 경쟁해도 뒤지지 않을 만큼 입지가 좋은 곳을 선택하는 것이 가장 좋다.

지방 구축 아파트
투자 시 유의점

서울·수도권 구축 아파트는 상품성은 떨어지지만 교통 호재가 있거나 학군이 뛰어난 곳은 수요가 몰리기 때문에 투자처로 충분히 고려해볼 수 있다.

그리고 서울·수도권에는 현재는 구축이지만 미래에 새 아파트로 변신할 곳이 많다. 그렇다 보니 30년이 넘은 구축 아파트들의 가격이 지방의 입지 좋은 신축 아파트보다 비싼 경우가 많다. 재건축 사업의 경우도 서울·수도권에는 수요가 지방보다는 더 많기 때문에 진행이 잘되는 편이다.

아울러 서울·수도권에는 더 이상 집을 지을 땅이 부족하다. 특히 서울은 구축을 재건축하거나 리모델링을 해야 신축 아파트를 공급할 수 있기 때문에 그런 기대심리로 구축 아파트를 더욱 선호하게 된다.

반면에 지방은 현재 신축인 브랜드 아파트를 더 선호한다. 인구 100만이 넘는 지방 광역시는 구축이라도 학군이 뛰어난 곳들은 수요가 몰리기 때문에 가격이 비싸다. 그런 곳을 제외하면 대단지의 신축 브랜드 아파트들이 생겨나는 곳이 그 도시의 새로운 1군 지역이 되는 경우가 많다. 지방은 아직도 새로 택지를 만들 수 있는 땅이 서울·수도권보다는 많기 때문에 새 아파트가 많이 분양되고 있으여 수요도 몰리고 있다. 만약 지방의 구축 아파트를 산다면 서울·수도권보다 더더욱 입지를 잘 따져보고 접근해야 한다.

지방 구축 아파트를 살 때 특히 유의할 점 세 가지를 정리해보겠다.

첫째, 싸다고 무조건 사서는 안 된다. 특히 요즘 공시지가 1억 이하 아파트는 취득세 중과가 되지 않기 때문에 지방 구축 아파트도 1억이 되지 않는 것을 많이 산다. 어떤 단지는 매매가와 전세가가 같아서 투자금이 하나도 들지 않는 곳도 있다. 하지만 싸다고 덜컥 샀는데 공시지가가 1억을 넘어가면 그만큼 수요가 줄어들게 된다. 그때는 받아줄 수요가 없기 때문에 팔 수도 없다. 그래서 지방 구축 아파트를 살 땐 가장 중요한 게 입지다. 이 단지의 동서남북을 보고 상권이 잘되어 있는지, 학원가가 밀집되어 있는지, 교통은 편리한지, 자연환경은 쾌적한지를 꼭 살펴봐야 한다. 이렇게 입지가 좋은 곳은 구축이라도 수요가 항상 있기 때문에 매매가도 오를 수 있고, 팔고 싶을 때 안전하게 매도할 수 있다.

둘째, 주변에 입지 변화가 큰 곳을 사는 게 좋다. 예를 들어 인근에 재건축이나 재개발 이슈가 있다면 지금은 구축이라도 새 아파트들이 입주함에 따라 주변 입지가 천지개벽하면서 동반 상승할 가능성이 매우 크다. 따라서 이왕 구축을 고려한다면 이렇게 입지 변화가 큰 곳을 사는 것이 훨씬 좋다.

셋째, 재건축이 될 구축 아파트를 사는 것이다. 특히 지방 소도시의 재건축 연한이 된 단지들은 서울·수도권, 광역시보다 매매가가 저렴하다. 취득세 중과는 매매가를 기준으로 산정되기 때문에 다주택자라면 매매가가 낮은 재건축 단지를 매입하는 것도 틈새시장을 노리는 전략이 될 수 있다. 아울러 다주택자도 시세의 60퍼센트까지 주택담보대출이 가능하기 때문에 투자금도 줄일 수 있고, 관리처분인가 이후 입주권 상태로 2년 이상 보유하면 일반과세로 팔 수 있기 때문에 절세 측면에서도 유리하다. 다만 재건축 단계가 최소 사업시행인가 이후인 물건을 선택하는 것이 가장 안전하다.

월세수익과 시세차익을 동시에 잡는다

지식산업센터는 '산업집적활성화 및 공장설립에 관한 법률'(산집법)에 따라 건축물에 제조업, 지식산업 및 정보통신산업을 영위하는 사업과 지원시설이 복합적으로 입주할 수 있는 다층형 집합건축물로, 3층 이상 6개 이상의 공장이 입주할 수 있는 건축물이다. 예전에는 아파트형 공장으로 불렸으나 2010년 산집법 및 시행령 개정에 따라 지식산업센터로 변경됐다. 지식산업센터는 아무 곳에나 지을 수 없다. 준공업 지역, 일반공업 지역, 택지개발지구 일부에 지어진다.

지식산업센터는 사무실, 연구소, 작은 공장, 창고로 이용할 수 있다. 건축물대장에도 공장, 업무시설, 창고 등으로 기재된다. 지식산업센터에는 업종이 제한된다. 지식산업, 정보통신산업에 속해야 하며 조용하게 사무실로 이용하는 용도여야 한다.

세금은 상가와 동일하게 적용되며, 대출은 상가보다 더 잘 나온다. 은행이 지식산업센터를 상가보다 좀 더 안전한 자산으로 인식하기 때문이다. 그리고 관리비도 상가보다 훨씬 적게 나온다. 상가와 비교할 때 덜 알려진 건 사실이지만, 요즘은 지식산업센터 수요가 급증하고 있다. 그 이유가 무엇이고, 지식산업센터에 투자할 때 어떤 점을 유의하면 되는지 알아보자.

왜 지식산업센터에 투자하는가

요즘 지식산업센터 투자를 많이 하는 이유를 크게 다섯 가지로 볼 수 있다.

첫째, 아파트 투자에 대한 정부 규제가 강화됐기 때문이다. 아파트에 투자할 때는 취득세 중과부터 종부세, 양도세 중과까지 다주택자들이 넘어야 할 허들이 너무 높다. 다주택자 입장에서 아파트에 투자를 하려면 세금부터 계산하느라 머리가 아프다. 그렇다 보니 자연스럽게 규제가 덜한 곳으로 옮겨 가는 풍선 효과가 나타나는 것이다. 이런 이유로 전에는 크게 인기가 없던 오피스텔, 아파텔, 생활형 숙박시설, 지식산업센터 등으로 수요가 많이 이동했다. 그런데 이 중에서 가장 좋은 투자처는 지식산업센터라고 생각한다. 앞서 열거한 다른 종목들도 분명 투자 메리트가 있지만, 지식산업센터는 회사 사무실로 이용하기 때문에 확실한 수요가 존재한다.

둘째, 1인 기업가가 증가했기 때문이다. 예전보다 취업이 힘들어지면서 1인 창업을 하려는 수요가 급증했다. 관리비 측면만 봐도 상가는 지식산업센터보다 거의 2배 이상 나온다. 이에 따라 지식산업센터를 더 선호하게 된 것이다.

셋째, 아파트의 대체재로 활용될 수 있어서다. 내가 서울의 지식산업센터를 산다고 가정해보자. 보통 사람들은 지식산업센터를 수익형 부동산이라고 생각한다. 하지만 특히 서울 지식산업센터는 수익형보다 시세차익형에 가깝다. 지금까지 서울 지식산업센터의 가격 변동 추이를 보면 서울 아파트보다 상승 흐름이 느리게 왔다. 그렇지만 서울의 지가가 상승하면 지식산업센터의 가격도 상승할 수밖에 없다. 매월 월세가 들어온다는 점을 차치하고라도, 좋은 입지의 지식산업센터들은 시간이 지남에 따라 시세가 상승한다.

이런 이유로 지식산업센터는 월세수익과 시세차익이라는 두 마리 토끼를 잡을 수 있어 더욱 매력적이다. 특히 서울에서도 좋은 입지의 지식산업센터를 매입하면 그만큼 희소성을 가지기 때문에 큰 시세차익을 거둘 수 있다.

넷째, 관리가 쉽기 때문이다. 아파트에 투자할 때는 임차인이 개인이다. 특히 구축 아파트에 전세를 놓았을 경우 임차인으로부터 수리를 해달라는 연락을 종종 받게 된다. 하지만 지식산업센터는 임차인이 기업이어서 사무실로 이용하므로 크게 연락 올 일이 없다. 그리고 지식산업센터에는 관리실이 있기 때문에 수리 등의 문제는 관리실에서 대부분 처리해준다.

다섯째 소액으로도 투자할 수 있다. 지식산업센터라고 하면 보통 투자금이 많이 들 것으로 생각한다. 하지만 다른 종목들보다 대출이 많이 나오기 때문에 소액으로 투자할 수 있는 곳도 많다.

특히 경기도권은 서울보다는 매매가가 낮기 때문에 대출을 받으면 1억 이내의 자금으로 투자할 수 있는 곳들도 많다. 그리고 평형이 전용 10평대부터 100평대까지 다양해서 투자금에 맞는 호실을 선택하기가 용이하다.

지식산업센터 투자, 똑똑하게 하기

지식산업센터 투자를 잘하기 위해 꼭 체크해야 할 것으로 다섯 가지가 있다.

첫째, 역세권 여부와 교통이다. 내가 매일 그 사무실로 출퇴근하는 직원이라고 생각해야 한다. 사무실이 역에서 멀면 멀수록 그곳으로 출퇴근을 해야 하는 직원들은 선호하지 않게 된다. 서울·수도권에는 경기도에서 살면서 서울로 출근하는 직장인이 많기 때문에 일자리로 빠르게 이동할 수 있는 교통수단이 가장 중요한 요소가 된다. 만약 지식산업센터가 지방에 지어진다면 더더욱 입지를 잘 살펴야 한다. 그곳에 일자리의 수가 많은지, 인구수가 많은지, 밀집된 곳인지를 따져야 한다. 이런 곳은 지방이라고 하더라도 대체할 수 없는 입지이기 때문에 사람들이 선호한다.

둘째, 규모다. 지식산업센터의 규모를 판단할 수 있는 지표는 연면적이다. 연면적이 클수록 그 건물 안에 들어갈 수 있는 편의시설이 많다고 보면 된다. 주차장도 기계식이 아니라 자주식 주차장을 갖추기 때문에 더 선호하게 된다.

셋째, 연식이다. 이 부분에서는 아파트와 차이가 있다. 아파트는 신축을 더 선호하지만, 지식산업센터는 신축이냐 아니냐보다 역세권이냐 아니냐가 더 중요하다. 역세권 구축과 비역세권 신축이 있다고 하면 당연히 역세권 구축이 더 선호된다. 역세권 신축이라면 더할 나위 없다.

넷째, 브랜드다. 지식산업센터에도 선호하는 브랜드가 있다. 예를 들면 에이스, SK, 현대 등이다. 입지가 비슷한 곳이라면 이런 브랜드의 지식산업센터가 더 선호된다.

다섯째, 매물이다. 지식산업센터 매물을 구하기 위해서는 적극적으로 움직여야 한다. 수요 대비 공급이 한참 부족하기 때문이다. 원래부터 지식산업센터는 사무실로 사용하다 보니 아파트에 비해 매물이 많이 나오지 않는다. 더군다나 다주택자들과 1인 기업가들의 수요까지 몰리면서 요즘에는 물건 구하기가 더 힘들어졌다. 하지만 지레 포기할 필요는 없다. 어떻게든 문은 두드리면 열리게 되어 있다. 매일 관심 지역 지식산업센터 부동산을 방문해서 명함을 주는 것이 가장 좋다. 인기 있는 지식산업센터들은 대기자가 워낙 많기에 이렇게 적극적으로 매물을 찾는 노력이 필요하다.

더군다나 사람들이 선호하는 지식산업센터는 대부분 서울·수도권에 있기 때문에 지방에 사는 사람들은 불리할 수밖에 없다. 이럴 때는 전화 임장을 적극적으로 활용하는 것이 좋다. 매일 시간을 정해서 관심 지역 지식산업센터 인근 소장님들에게 전화를 걸어 매수 의사가 있다고 적극적으로 밝히자. 그렇게 하다 보면 좋은 매물을 찾을 수 있다. 지방에 살기 때문에 지식산업센터 투자를 하기가 불리하다고 생각할 필요가 없다.

이상 다섯 가지를 체크했다면 그다음에 필요한 것이 빠른 실행력이다. 앞서 말했듯이 지식산업센터는 매물도 귀하고 대기 수요가 많기 때문에 매수할지 말지를 빠르게 결정해야 한다. 머뭇거리다가는 다른 사람들에게 물건을 뺏기기 십상이다. 결정을 빠르게 내리려면, 매수하려는 지식산업센터가 있는 현장에 미리 임장을 다녀오는 것이 가장 좋다.

그리고 대출도 얼마까지 가능한지 미리 알아봐 두는 것이 좋다. 지식산업센터 대출은 은행마다 조건이 다르다. 따라서 최대한 많은 은행의 대출담당자와 연락해서 가장 조건이 좋은 대출은행을 미리 알아봐 두어야 한다.

좋은 물건은 무엇일까

지식산업센터의 호실을 고를 때 유의할 점 몇 가지를 짚어보자.

첫째, 지하보다는 지상층이 좋다. 창고 같은 경우는 지하 1층도 선호하지만 사무실은 지상층을 선호한다.

둘째, 고층보다는 중간층이 더 좋다. 입주한 사무실의 직원들이 매일 엘리베이터를 타야 하기 때문에 이동 시간이 오래 걸리는 고층은 선호하지 않는다. 엘리베이터도 개수가 많은 곳이 더 좋다.

셋째, 같은 층이라면 엘리베이터에서 가까운 호실이 더 좋다. 보통 엘리베이터는 건물 중앙에 있는데, 손님이 기업을 찾아갈 때 엘리베이터에서 내려 바로 보이는 곳이 찾기 쉬워서다.

예외적으로 코너에 있는 호실은 엘리베이터에서는 멀지만 베란다를 2개나 끼고 있다는 장점이 있다. 베란다 2개를 확장하면 그만큼 더 넓게 쓸 수 있다. 그래서 투자자들은 이런 코너 호실을 더 선호한다. 아울러 가장 선호하지 않는 것이 코너 바로 옆 호실이다. 그래서 아예 코너 호실과 바로 옆 호실을 함께 분양하기도 한다. 이럴 땐 2개를 같이 분양받아서 사용하거나 임대를 주는 방법도 있다.

넷째, 보통 지식산업센터는 도로변에 지어지기 때문에 후면부보다는 전면부를 더 선호한다. 이런 곳은 해가 잘 들어 근로자들의 업무 만족도가 높아진다.

나는 이렇게 서울 지식산업센터에 진출했다

최근 서울에 매입한 지식산업센터는 1군 입지다. 이곳은 지하철이 인접하고 있어 입주 사무실의 직원들이 걸어서 10분 이내에 사무실에 도착할 수 있다. 인근에 고급 일자리가 있고 많은 지식산업센터가 모여 있기 때문에 유동인구가 넘치는 곳이다.

이 지식산업센터를 매입하기 위해 가장 먼저 인근 부동산에 매물이 있는지부터 알아봤다. 마침 매물이 하나 나와 있었다. 매도자가 2개의 호실을 한 기업에 임대하고 있었는데, 사정이 여의치 않아 하나만 쓰고 나머지 하나를 매도하게 된 것이다.

지식산업센터를 매입할 때는 공급면적과 전용면적을 알아야 한다. 평당가를 계산할 때는 매매가를 공급면적으로 나누면 된다. 그렇게 계산해낸 평당가를 주변 지식산업센터들의 시세와 비교해보니 저렴했다.

이를 확인하고 나서는 곧바로 대출은행부터 알아봤다. 지식산업센터 대출을 해주는 은행마다 한도가 다르기 때문에 최대한 많은 곳에 연락해봐야 한다. 그렇게 노력한 끝에 가장 조건이 좋은 은행을 찾아냈다. 매매가에서 대출금을 제외한 것이 투자금이 되는데, 여기에 추가로 잔금 때 부가세를 내야 한다(부가세는 조기환급신청을 하면 보통 1~2개월 사이에 환급받을 수 있다). 그리고 취득세, 부동산 중개 수수료를 합하면 실제 들어가는 투자금이 된다.

이렇게 대출과 대략적인 투자금을 계산하고 지식산업센터를 매입했다. 지식산업센터는 텅 빈 룸 하나라고 생각하면 된다. 인테리어는 매도자가 해주는 경우도 있지만, 임차인이 원하는 대로 인테리어를 하고 계약 만료 때 원상복구를 하고 나가기도 한다. 인테리어에 대해서는 임차인과 상의해서 결정하는 것이 좋다. 이번에 매입한 지식산업센터는 임차인이 알아서 인테리어를 하겠다고 해서 텅 빈 룸 상태로 임대했다.

서울 1급지 지식산업센터를 선택한 이유는 무엇보다 임대 수요가 풍부하기 때문이다. 이곳은 주변에 지식산업센터가 들어올 부지가 부족하기 때문에 공급에 대한 리스크가 없었다. 역세권이어서 도보로 10분 이내에 출퇴근이 가능했다. 그리고 지식산업센터들이 한곳에 모여 있어서 임대 수요가 풍부했다. 실제로 잔금을 치르고 공실 없이 바로 임대를 맞출 수 있었다. 이 지식산업센터는 매입한 지 한 달 만에 평당가가 300만 원 정도 올랐다. 수요는 많은데 공급이 적기 때문에 그것이 시세 상승으로 이어지고 있다.

지식산업센터 투자, 이것만은 꼭 주의하자

지식산업센터에 투자할 때 가장 중요한 점은 다음과 같다.

첫째, 주변에 입주 물량이 없는 곳이어야 한다. 아파트와 달리 지식산업센터는 입주를 다 마칠 때까지 거의 1년이라는 시간이 걸린다. 이렇게 입주가 많으면 매매가가 오르지 못하고 임대를 놓기도 힘들어진다. 지식산업센터의 입주가 연달아 계속 있다고 하면 공실이 날 수밖에 없다. 공실이 나면 매달 대출이자와 관리비로 몇백만 원이 나가게 된다. 따라서 지식산업센터를 매입할 때는 주변에 지식산업센터가 들어올 땅이 많은지, 예정된 공급이 얼마나 있는지를 잘 알아봐야 한다.

둘째, 출퇴근이 용이해야 한다. 출퇴근이 불편하면 시세가 상승하기 어렵기 때문에 입주 사무실 직원들의 출퇴근을 고려해서 역세권으로 선택해야 한다.

셋째, 국가산업단지는 임대가 불가하다. 다만 직접 사용하다가 임대를 줄 순 있고 업무시설인 경우에는 임대가 가능하다. 따라서 매입을 결정하기 전 이런 부분을 분명히 확인해야 한다.

지금까지 지식산업센터 투자에 대해 간략하게 알아봤다. 현재는 지식산업센터 투자 열기가 정말 뜨겁다. 어떤 곳에서는 투자자가 물건을 구하기 위해 인근에서 숙박을 하면서 매일 부동산 중개소를 방문하기도 한다고 들었다. 부동산 중개소에 연락을 해보면 가장 많이 듣게 되는 말이 "물건이 없어요."다.

불과 얼마 전까지만 해도 지식산업센터는 투자처로 주목받지 못했다. 아파트 투자만 해도 너무나 매력적이었기 때문이다. 그런데 아파트 투자에 대한 규제가 강화되면서, 특히 다주택자들이 틈새 투자처로 지식산업센터를 찾기 시작했다. 여기에 창업 열풍으로 1인 기업가들의 수요까지 더해져 지식산업센터에 대한 수요가 급증했다. 하지만 아직도 지식산업센터는 저평가라고 생각한다. 어떤 사람들은 지식산업센터가 너무 올랐다고 생각하지만, 서울 지식산업센터의 예만 보더라도 인근 아파트 가격의 50퍼센트 수준에 불과하다.

서울 아파트가 오르면 지식산업센터도 따라서 오를 수밖에 없다. 게다가 수요가 급증하고 있으니 상승의 흐름은 더더욱 빨라질 것으로 보인다. 따라서 지금이라도 지식산업센터를 공부하고 투자하는 것은 정말 좋다고 본다. 물건이 없다고 실망하지 말고 적극적으로 움직인다면, 분명 저평가된 지식산업센터를 매입할 수 있을 것이다.

나에게 맞는
부동산 투자법 찾기

부동산 투자의 방법과 영역은 넓고도 다양하다. 아파트, 수익형 빌라, 땅, 경매, 공매, 건물, 상가 등 이 여러 가지 투자 중에서 나의 상황과 성격에 맞는 투자를 지속하는 게 중요하다. 한 번의 시도로는 불가능하고 다양한 분야를 조금씩 공부하며 찾아가야 한다.

나도 부동산 투자를 결심한 뒤 관련 책들을 정말 많이 읽었다. 읽다 보니 경매와 공매에 관한 책이 많았다. 그런 책들에서는 초보자가 소액으로도 투자할 수 있다고 말한다. 처음 부동산 투자를 하기로 마음먹은 사람들은 대체로 종잣돈이 넉넉하지 않다. 그래서 투자금이 상대적으로 적게 드는 경매와 공매에 관심을 많이 가진다. 하지만 경매와 공매는 돈만 있다고 할 수 있는 게 아니다. 철저히 확률 게임이기 때문이다. 가격을 제일 높게 써내는 사람이 이기게 된다. 다른 사람들이 얼마를 써낼지는 누구도 알 수 없다. 그게 운이라는 생각도 든다.

오래전에 부모님이 경매로 나온 땅의 입찰에 참여한 적이 있다. 그전에 부모님은 얼마 쓸지를 정하셨다. 경매 당일 아버지는 바쁜 일로 참여하지 못하고 어머니가 참여하셨다. 종이에 신청 금액을 쓰는데 이런 생각이 들었다고 한다. 평소 아버지는 투자에 신중한 편이었고 예전에 경매를 같이해본 경험으로 보면 항상 가격을 낮게 써서 낙찰받지 못했던 일이 떠올랐다는 것이다. 그래서 이번에는 아버지께 비밀로 하고 사전에 정했던 금액보다 더 높게 적어냈다고 한다. 그렇게 하신 덕분에 그 땅을 낙찰받을 수 있었다. 아버지가 제안했던 가격으로 써냈다면 낙찰받지 못했을 것이다.

경매와 공매를 경험해보다

경매와 공매의 차이점은 무엇일까? 먼저 정의를 살펴보자.

- 경매: 주로 채권자의 요청으로 법원이 채무자의 물건을 매각하는 방식
- 공매: 한국자산관리공사가 국가 재산을 매각하는 방식

출처: 온비드

두 가지 방법 모두 경쟁 입찰 방식이라는 점에서는 비슷하다. 나는 공매부터 경험했다. 공매를 할 때는 '온비드'(www.onbid.co.kr)라는 사이트에서 입찰에 참여할 수 있다(그림 5-14). 공매에는 토지 물건이 많았다. 땅을 볼 줄 몰랐기 때문에 아버지와 함께 현장들을 보러 다녔다. 마음에 쏙 드는 토지 한 곳을 발견했다. 투자금은 1,000만 원 정도였다. 입찰하는 날 신청 금액을 쓸 때 정말 고민을 많이 했다. 하지만 결국 낙찰받지 못했다.

공매에 떨어지고 난 뒤 경매를 알아봤다. 경매에 참여하려면 '대한

민국 법원 법원경매정보' 사이트(courtauction.go.kr)를 비롯해 네이버 부동산의 경매 코너, 유료 경매 사이트, 경매정보지 등을 통해 관심 있는 부동산을 선정하고 등기부등본을 열람하면서 채무관계, 권리관계 등을 꼼꼼하게 파악해야 한다.

경매를 처음 접하는지라 용어부터 낯설었다. 사람들이 가장 많이 보는 경매 책을 사서 보면서 공부하고, 궁금한 점은 경매 경험이 있는 아버지께 여쭤봤다. 그러면서 점차 경매에 대해 알아갔다.

경매를 하는 당일에는 예상 매입 금액의 10퍼센트 이상을 보증금으로 준비하고, 혹시라도 권리관계에 변동이 있는지 확인했다. 처음으로 참여한 물건은 평소 이사하고 싶었던 동네의 아파트였다. 매수하고 싶었지만 가격이 계속 오르는 바람에 타이밍을 놓쳤던 곳이다. 그런데 이곳이 경매로 나왔다는 것을 알게 됐고 입찰까지 하게 된 것이다.

세입자가 살고 있다는 게 마음에 걸렸다. 만약 낙찰이 됐을 경우 세입자를 내보내야 하는데, 그 과정이 매끄럽게 진행되지 않으면 명도소송까지 가야 하기 때문이다. 그래도 시세보다 저렴하게 낙찰받을 수 있다면 장점이 있다고 판단했다. 가격을 써내고 낙찰이 되기를 간절히 빌었다. 하지만 이번에도 낙찰을 받지 못했다. 정말 속상했다. 그런데 낙찰된 금액을 보니 현재 일반매물로 나오고 있는 급매와 비슷했다. 그걸 보면서 굳이 번거롭게 경매에 참여하는 것보다 일반매매가 더 낫다는 생각이 들었다.

공매와 경매를 해보면서 느낀 점은 일반매매보다 통제의 여지가 적다는 점이었다. 하지만 일반매매는 다르다. 공매와 경매보다는 통제의 여지가 크다. 이미 매수할 수 있는 가격을 알고 거기에 맞게 투자금을 마련하면 되니 말이다. 세입자가 있더라도 억지로 내보낼 필요조차 없다. 세입자가 낀 물건이 싫으면 실입주가 가능한 매물을 찾으면 된다.

공매와 경매에 실패한 후 일반매매로 방향을 바꿨다. 경매와 비교하면 일반매매가 정말 쉽다는 생각이 든다. 경매는 분석할 게 정말 많은데다 일반매매에 비하면 물건도 제한적이다. 경공매를 경험해보고 싶다면 신중하게 접근하기를 권한다. 그래야 좋은 결과를 만들 수 있다.

내가 낙찰받지 못하더라도 계속 시도할 수 있는 뚝심이 있는 사람에게 경공매를 추천한다. 실제 지인 중에도 경공매를 통해 토지를 매입했고 그 덕분에 노후를 여유롭게 보내는 분이 있다. 경공매에도 분명 단점은 존재하지만 부동산을 저렴하게 살 수 있는 기회가 존재하는 시장이라는 것은 틀림없는 사실이다.

이왕이면 쉬운 길로 가자

요즘에는 입지가 좋은 신축 아파트를 사서 오랫동안 보유하는 방법이 대세다. 하지만 경매에는 이렇게 입지 좋은 신축 아파트가 없고 상품성이 떨어지는 물건들이 많다. 일반매매도 저평가 지역을 찾아서 타이밍을 잘 맞히면 경매만큼 투자금을 줄일 수도 있다. 이런 점에서 '왜

군이 어렵게 공매와 경매를 할까?'라는 생각이 들었다.

최근에 알게 된 수강생도 경매부터 시작했다가 소도시의 빌라를 낙찰받았는데 팔리지 않아서 애를 먹고 있다고 했다. 물론 경매를 통해 부를 이룬 사람들도 분명 있다.

하지만 이제 막 부동산 투자의 세계에 발을 디딘 초보에게는 너무나 험난한 길이라는 생각이 든다. 어렵다고 더 큰 수익을 주는 것은 아니다. 그보다 훨씬 쉽고 더 큰 수익을 주는 길이 분명 존재한다는 사실을 꼭 기억했으면 한다.

제6장

꼬마 자본가가 되고 나니
알게 된 것들

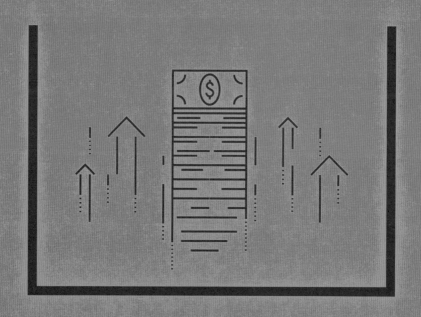

나만의 투자 기준
세우는 법

2013년부터 집값은 지속적으로 올라왔고, 2020년에 한 번 더 큰 폭으로 상승했다. 저평가 지역에 투자를 계속했기 때문에 내가 투자한 아파트들의 상승폭이 컸다. 최소 수익률이 200~300퍼센트가 됐다. 과거 변두리 아파트 한 채가 전부였는데 순자산이 5배 이상 증가한 것이다. 최근에도 또 한 건의 부동산 투자를 진행했다. 그곳 역시 몇 년 동안 하락해온 곳이다.

하락의 가장 큰 원인은 미분양이었다. 건설사에서 새 아파트를 분양하는데 받아주는 사람이 없었던 것이다. 단지 전체가 미분양이 났다. 그렇게 힘들어하던 곳이었는데, 공급이 줄어들자 미분양이 순식간에 사라지면서 분양권에 프리미엄이 붙기 시작했다.

계속 '왜'라고 묻자

부동산 상승의 원리를 아는 사람들은 미분양이 급감하고 향후 입주 물량이 줄어드는 것을 보고 매수에 나선다. 그런데 정작 그 지역의 실거주자들은 이때도 겁이 나서 집을 사지 못한다. 그러다가 미분양 물량이 다 소진되고 프리미엄이 1억 이상 붙고 나서야 집 살 생각을 한다.

이번에 투자했던 곳도 흐름이 정말 빨리 바뀌고 있었다.

매매가격지수를 보면 전세가격지수가 매매가격지수보다 위에 있다 (그림 6-1). 이는 임대 수요가 받쳐주고 있다는 의미다. 임대 수요는 실

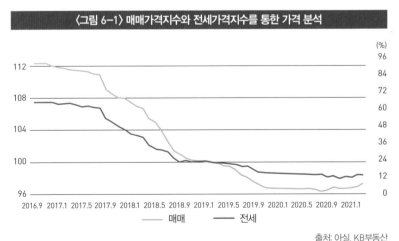

〈그림 6-1〉 매매가격지수와 전세가격지수를 통한 가격 분석

출처: 아실, KB부동산

수요자들의 수요다. 매매가격지수 역시 조금씩 상승하는 모습이다. 시간이 지날수록 전세가격지수가 더 상승해 매매가격지수를 밀어 올리리라고 예상할 수 있다.

심리가 점진적으로 회복되고 있어서 물건을 사고는 싶은데 구하기가 정말 어려웠다. 부동산마다 연락을 해봤지만, 거래가 됐다는 이야기만 들리고 원하는 물건은 받을 수 없었다. 며칠이 지나서야 마음에 드는 물건을 겨우 찾을 수 있었다. 상승장에서는 흔히 생기는 일이다.

분위기가 달아오르려는 기색이 보이면 매도자들은 매매가를 올려서 다시 내놓거나 물건을 아예 거둬들인다. 상승을 확신하는 매수자들은 그 가격에라도 사려고 한다. 이번에 매수한 곳은 분양권 상태였는데, 분양가가 워낙 낮았기 때문에 프리미엄을 합쳐도 기존에 지어진 새 아파트보다 1억 가까이 저렴했다. 안 살 이유가 없었다. 그렇게 겨우 한 건의 계약을 체결했다.

최근에 이런 이야기를 들은 적이 있다.

"사고 싶어도 살 수 없는 곳이 좋은 곳이에요."

수요가 넘친다는 것은 그곳에서 살고 싶어 하는 사람들이 많다는 뜻이다. 그런 곳은 사고 싶어도 살 수 없는 경우가 많다. 그처럼 집중된 수요가 매매가를 끌어올리는 것이다. 그러니 물건 구하기 어렵다고 스트레스받을 게 아니라 오히려 이런 곳을 알게 된 게 감사하다고 생각하자.

이번에 계약할 때는 소장님 때문에 많이 힘들었다. 계속 말을 바꾸는 것이었다. 특히 이렇게 매매 거래를 할 때는 소장님과의 관계가 중요하다. 서로 신뢰해야 한다. 자주 말을 바꾸거나 매도자에게 유리한 방향으로 이끄는 소장님은 신뢰를 주지 못한다.

소장님들 중에는 10년 이상 중개업만 하며 살아온 분이 많다. 그러니 말로 싸우면 절대 이길 수 없다. 자신만의 기준을 만들어야 한다. 그러려면 무엇을 보든, 누구를 만나든 자신에게 '왜'라고 물어야 한다.

- 왜 이 아파트는 저 아파트보다 비쌀까?
- 왜 이곳은 다른 곳보다 물건 구하기가 힘들까?
- 왜 이 소장님은 이런 말을 할까? 의도가 뭘까?

의문이 생기는 상황에서는 계속 질문을 던져보자. 그리고 그 답을 스스로 찾아봐야 한다. 처음에는 답이 잘 보이지 않을 것이다. 하지만 그 과정을 거쳐야 나의 기준을 세울 수 있다. 내가 생각한 기준에 맞지 않는다면 계속 항의하고 합의점을 찾아가야 한다. 나의 기준이 확립되면 주변의 말에 흔들리지 않게 된다. 이 과정이 쉽지는 않지만 공짜로 얻을 수 있는 것은 아무것도 없다.

퇴사 전에
반드시 해야 할 일

항상 직장을 그만두고 싶었지만, 아무 계획 없이 그만뒀다가는 주부로만 살게 될까 봐 두려웠다. 가족도 중요하지만 진짜 하고 싶은 일을 하며 살고 싶었다. 그래서 직장에 다니면서 정말 준비를 많이 했다. 우선 안정적인 자산이 필요했다. 그게 부동산이라고 생각했다. 직장에 나가면 내 시간이 없기 때문에 새벽에 일어나서 부동산 공부를 했다.

그렇게 하면 2시간 이상은 공부할 수 있었다. 그리고 평일에 봐둔 물건을 직접 보기 위해 주말에는 가족과 함께 전국으로 임장을 다녔다. 그 덕분에 좀 더 빨리 자산을 늘리고 이제는 다른 사람에게 부동산을 가르칠 수 있게 됐다.

한 줄이라도 쓴다

그리고 블로그를 시작했다. 처음 블로그를 할 때 가장 힘들었던 점은 '어떤 글을 쓸까?'였다. 쓸 이야기가 없었다. 처음에는 육아 일기처럼 아이를 키우면서 겪은 일을 썼다. 하지만 아무도 글을 보러 와주지 않았다. 그러다가 매일 잠들기 전에 다음 날 쓸 글의 주제를 정하기 시작했다. 그리고 새벽에 일어나면 한 줄이라도 적으려고 노력했다. 한 줄이 두 줄이 되고, 두 줄이 세 줄이 됐다. 그렇다 매일 쓰다 보니 어느새 글을 읽어주고 댓글을 달아주는 이웃이 생겨났다.

"글이 정말 공감돼요."

"제 이야기인 줄 알았어요."

점점 이런 댓글이 많아졌다. 그게 신이 나서 블로그에 매일 글을 썼다. 그 덕분에 현재는 블로그 이웃이 1만 명이 넘는다. 지금은 부동산 칼럼을 주로 쓰는데, 예전에 매일 아무 글이나 써보려고 시도했던 것이 큰 도움이 되고 있다.

유튜브 역시 회사를 그만두기 전에 시작했다. 즐겨 보던 유튜브 채널 '단희TV'에서 한 할머니의 사연을 들은 것이 계기가 됐다. 그 할머니는 60세가 넘었는데 유튜브를 시작해서 현재는 구독자가 500명에 달한다고 했다. 그 덕분에 책을 내게 됐고 이제는 작가로 살아가고 있다고 했다. 그 이야기를 듣고 이런 생각이 들었다.

'60 넘은 할머니도 하는데 왜 나는 못 할까?'

바로 주말에 영상 하나를 찍었다. 평소 좋아하던 팀 페리스의 《타이탄의 도구들》이라는 책을 리뷰하는 영상이었다. 영상을 편집할 줄도 몰랐고 섬네일을 만들 줄도 몰랐다. 편집 없이 그냥 막 올렸다. 하지만 매주 2개씩은 꼭 올렸다. 구독자도 없었고 댓글도 달리지 않았지만 그 일 자체가 너무 재미있었다. 평소 강의를 하고 싶었지만 강의를 할 방법이 없었다. 책을 낸 사람도 아니고 알려진 사람도 아니었다. 하지만 유튜브 채널 안에서는 그렇지 않았다. 그곳은 나만의 강의실이었다. 평소 말하고 싶었던 주제로 마음껏 떠들었다. 그렇게 영상을 업로드하고 시간이 날 때마다 혼자서 영상을 봤다. 너무나 뿌듯했다. 그 채널의 구독자가 지금은 2만 명을 향해 간다. 그동안 구독자가 늘지 않아 좌절도 많이 했지만, 끝까지 포기하지 않으니 결국 구독자가 이만큼 늘고 팬들도 생겼다.

나를 설명하는 다양한 수식어 만들기

현재는 부동산법인의 대표이자 블로거, 유튜버, 강사, 1인 기업가, 전업 투자자로 살아가고 있다. 이름 앞에 붙는 수식어가 점점 더 늘어나고 있다. 이 수식어 중에 '주부'는 없다. 당연히 주부로도 살고 있지만 그것 말고도 대신할 수 있는 수식어가 점점 더 많아졌다.

누구나 이렇게 할 수 있다. 가장 중요한 것은 '주부'라는 작은 프레임 안에 나를 가두면 안 된다는 것이다. 그 프레임부터 깨야 한다. 혹시 실패하더라도 계속 시도해야 한다. 당장 부동산 투자를 시작하기 어렵다면 현재 흐름이 어떤지 늘 모니터링하면서 최소한의 노력은 해야 한다. 누구나 처음부터 부자는 아니었다. 누구나 처음부터 블로그 이웃이 몇백 명씩 늘고 유튜브 구독자가 몇천 명이 되지는 않았다.

　그 모든 것에는 시간을 견디는 힘이 있어야 한다. 포기하지 않고 견디고 견디면 결국 이뤄진다. 이제는 단순히 어떤 회사의 직원, 누군가의 배우자가 아니라 잃어버린 내 이름 석 자 앞에 자신이 원하는 수식어를 붙일 수 있는 삶을 살아갔으면 한다.

투여 시간 대비
수익률이 중요하다

처음에 부동산 공부를 할 때는 분양권과 신축 아파트 위주로 했다. 그래서인지 재개발이나 재건축 분야는 어렵게 느껴졌다. 부동산 투자는 분양권, 구축 아파트, 신축 아파트, 재개발과 재건축, 수익형 투자 등으로 나눌 수는 있지만 결국 저렴하게 사서 비싸게 판다는 공통점이 있다. 두루두루 많이 알수록 선택지가 넓어진다. 그래서 항상 어렵다고만 느꼈던 재개발 투자를 본격적으로 공부하기 시작했다.

재개발 투자 공부를 위해 맨 처음 한 일은 역시 책을 산 것이었다. 이 분야는 어렵게 생각하면 한없이 복잡해져 단순하게 정리를 해야 했다. 스케치북을 펼쳐놓고 하나하나 관련 정보들을 쭉 적어놓았다.

공부에는 끝이 없다

우선 재개발의 단계부터 알아야 한다. 재개발은 다음의 순서로 이뤄
진다.

재개발 순서

정비 기본계획 – 정비구역 지정 – 조합설립 추진 – 조합설립인가

– 시공사 선정 – 사업시행인가 – 관리처분계획인가 – 준공인가

– 소유권이전고시 – 청산

최근에 공부한 곳은 사업시행인가를 받았고 조합원 분양을 앞두고
있었다. 사전 조사를 한 후 부동산 중개소에 연락해서 물건을 받았다.
그런데 받은 물건마다 감정평가액이 제각각이었고 프리미엄도 달랐
다. 어떤 물건을 선택해야 할지 알 수 없었다. 소장님은 이런 문의가
많이 오기 때문에 일일이 답하기 어렵다며 물건을 정해서 연락하라는
말만 했다.

처음에 부동산 공부를 하던 때처럼 여기저기 찾아봤다. 사업성이 좋
은 구역일수록 감정평가액이 크면 조합이 내는 분담금이 줄어든다고
한다. 분담금은 일반분양을 할 때의 중도금과 비슷하다고 생각하면 된
다. 그런데 내가 공부하던 구역의 조합원 수는 400세대 정도인데 세대
수가 1,000세대가 넘었다. 이럴 경우 감정평가액이 작더라도 조합원

수가 작기 때문에 많은 사람이 선호하는 34평을 받을 확률이 높다. 이럴 땐 오히려 감정평가액이 낮은 물건을 선택하는 게 투자금이 적게 들어서 좋다. 그걸 알고 매물을 보니 감정평가액이 낮을수록 오히려 프리미엄이 높았다.

재개발 투자를 할 때 알아야 하는 용어가 있다. 바로 '뚜껑 매물'이다. 남의 토지에 있는 무허가 건물인데 입주권을 받을 수 있는 물건을 말한다. 장점은 무허가 건물이기 때문에 취득세 4.6퍼센트만 내면 된다는 것이다. 청약을 할 때도 무주택으로 인정되기 때문에 다주택자들은 이런 뚜껑 매물을 선호한다. 하지만 이런 뚜껑 매물은 1989년 3월 29일 이전에 건축된 것만 인정되고 항공판독 사진도 필요하다.

소유권이전등기가 없기 때문에 구청에 취득세 신고를 해야 하고, 조합사무실에서 뚜껑 소유자 명부를 체크해야 하는 등 확인할 것도 많고 절차가 복잡하다.

이렇게 새로운 것을 공부하는 게 쉽지만은 않다. 하지만 새로운 것을 알게 되는 성취감이 좋고, 더 좋은 투자처를 볼 수 있는 눈이 생겨서 좋다.

고생은 적고 여유는 많다

부동산으로 맞벌이를 하다 보면 처음에는 회사에 다니는 것보다 더 힘들다고 생각될 수도 있다. 소장님, 매도자 또는 매수자, 임차인 등 계약 관계자들 사이에서 시달리다 보면 진이 빠진다 싶을 때도 있다. '정말 이곳에 투자해도 될까?' 하는 걱정과 두려움 때문에 며칠을 고민하게 되기도 한다. 작은 기사 하나에도 부동산 경기에 영향을 줄까 봐 조마조마해질 수도 있다. 하지만 그럼에도 부동산만큼 큰 수익을 안겨주는 투자처는 없다. 이렇게 마음 고생을 하는 것도 계약을 할 때, 임차인을 맞출 때로 한정된다.

전세를 잘 맞춰두면 특히 새 아파트는 2년 동안 신경 쓸 일이 거의 없다. 가끔 세입자에게 제철 과일 정도만 보내도 아주 고마워한다. 그리고 전세 만기가 돌아오면 매도를 할지 다시 전세를 맞출지 결정하면 된다. 15년 동안 직장에 다녔던 사람으로서, 시간 대비 수익률 측면에서 직장 생활은 부동산 투자에 비교할 바가 못 된다고 생각한다.

직장에 다니면서 맞벌이를 하려면 아이들을 다른 곳에 맡겨야 한다. 부모님께 부탁드리거나 학원 뺑뺑이를 돌려야 한다. 그렇게만 해도 비용이 계속 나간다. 거기에 동료들의 각종 경조사에 대한 비용, 주유비, 식비 등을 고려하면 둘이 벌어도 사실상 남는 게 없다. 직장을 그만두고 부동산으로 맞벌이를 하고 있는 지금은 그런 비용이 아예 들지 않는다.

아이들 공부를 집에서 시키기 때문에 학원비가 들지 않고, 대부분은 집에서 밥을 먹으니 외식비가 많이 들지 않는다. 경조사를 챙겨줘야 하는 동료도 없다. 한편 수익은 훨씬 늘었다. 부동산 공부를 통해 쌓은 지식을 많은 사람에게 제공함으로써 수강료를 받고 있고, 부동산 투자로 자산을 계속 불려가고 있다. 이렇게 좋은데 왜 부동산으로 맞벌이를 하지 않는 걸까? 이제는 회사가 아니라 부동산으로 맞벌이를 해보면 어떨까?

돈의 노예가
되지 않기로 하다

스물네 살에 공무원 시험에 합격해서 15년을 근무했다. 돌이켜 생각해 보면 그 안에 나의 20대, 30대의 모습이 고스란히 담겨 있다. 그 안에 서 참 많이 울고 많이 웃었다. 하지만 '나'라는 사람을 점점 잃어간다는 생각을 많이 했다. 워킹맘 10년, 아이들에 대한 미안함을 늘 품고 살았 다. 아침마다 회사에 가지 말라고 울며 매달리는 아이들을 뒤로한 채 집을 나서노라면 이런 생각이 들었다.

'도대체 누구를 위해 이렇게 살고 있는 걸까?'

결국 돈이었다. 돈 때문에 남편도 나도, 매일 아침 직장이라는 전쟁 터로 가서 온종일 시달려야 했다. 점점 돈의 노예가 되어가는 걸 느꼈다. 아침부터 저녁까지 직장에 매여 있다 보면 나를 위해 쓸 수 있는 시간이 거의 없었다. 누군가가 시키는 일만 하는 로봇이 된 것 같았다. 무언가가 충족되지 않고 시간만 흘러간다는 생각을 떨칠 수가 없었다.

그러다가 더는 이렇게 살고 싶지 않아졌다. 30대 후반이 됐을 때, 더 머뭇거리다가는 이곳에서 절대 벗어날 수 없겠다는 생각이 들었다. 부동산 투자만이 나의 유일한 탈출구가 되어줄 수 있을 터였다.

얼마를 벌어야 자유로울 수 있을까

마흔이라는 나이가 됐을 때, 과감하게 사표를 냈고 진짜 전업 투자자가 됐다. 사표를 내고 가장 좋았던 점은 시간을 마음대로 쓸 수 있다는 거였다. 하루 일과를 보면 새벽 4시에 일어나 책을 쓴다. 그렇게 쓰다 보면 어느새 아침 7시가 된다. 아침을 차리고 남편과 아이들을 준비시킨다. 아이들을 학교에 보내고 근처 산책로를 걷는다. 산책을 하면 복잡한 머릿속이 정리된다. 그렇게 1시간 정도 걷고 집으로 돌아와 샤워를 한다. 커피 한잔을 타서 책상 앞으로 돌아가 블로그에 글을 쓰고 강의 자료를 만든다.

오전은 대개 이렇게 흘러간다. 직장 생활을 할 때 새벽에 공부하고 7시부터 출근 준비를 했다. 부랴부랴 직장에 도착한 후에는 '오늘은 또 어떤 일이 떨어질까' 하고 항상 긴장하며 보냈다. 하지만 이제는 긴장

할 필요가 없다. 업무지시를 할 사람도 없고, 원하면 하고 원하지 않으면 하지 않아도 된다. 싫은 사람은 보지 않아도 된다. 그게 가장 좋다.

내 이야기를 듣고 이렇게 물은 사람이 있었다.

"부동산에 투자해서 얼마 정도 모아야 전업 투자자로 살 수 있나요?"

완벽한 기준은 없다. 부동산 투자를 수년 동안 해왔지만 경제적 자유를 이뤘다고 생각할 정도는 아니다. 사실 그 기준이라는 것이 지극히 주관적일 수밖에 없다. 누군가는 10억 정도만 되어도 충분하다고 생각할 테고, 누군가는 50억 정도는 있어야 전업 투자자로 살아갈 수 있다고 생각할 것이다. 각자의 상황이 다르고 추구하는 미래의 모습이 다르기 때문에 딱 얼마라고 정할 수는 없다.

이 부분에 대해 많은 고민을 했다. 하지만 가장 중요한 것은 투자했던 곳들이 꾸준히 수익을 내주고 있다는 점이다. 특히 2020년을 기점으로 그동안 투자했던 곳 중 일부가 큰 상승을 했다. 그걸 보면서 퇴사할 수 있다는 자신감을 얻었다.

예전에 스콧 리킨스의 《파이어족이 온다》를 읽은 적이 있다. 파이어(FIRE, Financial Independence Retire Early)족은 조기, 그러니까 30대 말이나 40대 초반에 은퇴하는 것을 목표로 소비를 극단적으로 줄이며 은퇴 자금을 마련하는 이들을 가리킨다. 그런 의미에서 본다면 나는 파이어족과는 조금 거리가 있다고 할 수 있다. 극단적인 절약을 하지는 않았기 때문이다. 커피값과 사교육비를 줄이기는 했지만, 그 외에는 보통 사람들처럼 살았다. 먹고 싶은 것 먹고, 입고 싶은 것 입고 살았다. 또 한 가지 차이가 있다면 부동산 투자를 통해 자산을 늘렸다는 점이다. 그런 한편으로, 조기 은퇴를 했다는 점에서는 파이어족의 삶을 살고 있다는 생각도 든다.

전업 투자자가 되면서 본격적으로 부동산 강의를 시작했다. 사실 처음에는 계속 이런 생각이 발목을 잡았다.

'나 같은 사람이 무슨 강의를 해?'

주변을 둘러보면 부동산 투자를 훨씬 오래 했고 강의도 일찍 시작한 강사들이 많았다. 책을 낸 사람도 있고 강의를 오픈하면 바로 마감되는 사람도 있었다. 그런 사람들을 보면 기가 죽기도 했다. 부동산 투자 경력이 많은 것도 아니고 책을 낸 것도 아닌데, 강의를 오픈하면 들으러 올 사람이 과연 있을까 싶어 겁이 났다. 하지만 어릴 적부터 강사로 살아보고 싶었다. 직장 생활을 할 때 강연을 하러 오는 강사들을 보면 무척 부러웠다. 그런 삶을 살고 싶었지만 누군가에게 제공할 수 있는 콘텐츠가 없다고 생각했다. 그런데 부동산 투자를 계속하다 보니 블로그를 통해 상담을 요청하는 사람들이 많았다. 조언을 해주면 정말 도움이 됐다고 했다. 그런 일들이 잦아지면서 '더 많은 사람에게 그동안 배운 것을 제공하면 어떨까?'라는 생각을 하게 됐다.

부동산 강의를 해보자고 마음은 정했지만 실행은 못 한 채 시간만 흘러갔다. 결심을 하고 몇 개월이 흐른 뒤 이제 더는 미룰 수 없다는 생각이 들었다. 그래서 강의 공지부터 냈다. 그때는 강의 자료도 전혀 만들어놓지 않은 상태였다. 공지를 내서 신청하는 사람이 있으면 강의를 하는 것이고, 안 그러면 다시는 강의를 하지 않겠다고 생각했다.

공지를 내자마자 신청이 들어오기 시작했다. 이틀 만에 정원 열 명이 모두 채워졌다. 그게 시작이었다. 인원이 확정되자 강의 자료를 만들기 시작했다. 밥 먹는 시간을 제외하고 대부분의 시간을 강의 자료 만드는 데 쏟았다. 그렇게 첫 번째 강의가 진행됐다. 실시간 줌으로 강의를 했는데 처음에는 실수할까 봐 정말 많이 떨었다. 동시에, 강의를 신청해준 한 사람 한 사람이 참 감사하다는 생각이 들었다. 이제 갓 시작한 초보 강사의 강의를 신청해준 것만으로도 감사했다. 그래서 하나라도 더 알려주기 위해 매일 새벽 공부에 전념했다. 그 덕분인지 진심이 담긴 강의 후기가 많이 올라왔다.

드디어 첫걸음을 내디뎠다는 데 용기를 얻어 지금까지 강의를 계속해오고 있다. 부동산 초보자를 위한 정규 강의와 분양권 강의를 만들었고, 지금은 렘군의 푸릉 사이트(edu.remgoon.com)에서 지역 분석 강의까지 함께 진행하고 있다. 강의를 하면서 가장 좋은 점은 남을 가르치기 위해 더 열심히 공부하게 된다는 것이다. 강의를 하기 전에는 부동산 지식이 체계화되어 있지 않았다. 감으로는 이곳이 좋다는 걸 알겠는데 왜 좋은지를 설명하기가 어려웠다. 하지만 수강생들에게 설명을 하려면 확실한 근거를 갖춰야 한다. 근거와 논리를 갖춰가는 과정에서 부동산 투자에 대한 인사이트가 생기기 시작했다.

그리고 아이를 키우는 엄마다 보니 우리 아이들에게 그러듯이 최대한 쉽게 가르치려고 노력하게 됐다. 아무리 똑똑한 사람도 새로운 것을 배울 때는 이제 막 말을 배우는 아이와 같다. 용어 하나하나가 낯설고, 모든 것이 어렵게 느껴지기 마련이다. 나도 처음 부동산 공부를 할 때 용어 때문에 애를 먹었지만, 이제는 자연스럽게 이해가 된다. 시간이 가져다준 보상이다.

나니까 할 수 있어

마흔이 되자 그토록 꿈꾸던 인생 2막을 살게 됐다. 누군가는 마흔이 새로운 시도를 하기에는 너무 늦은 나이라고 생각할 수도 있다. 최근 유튜브 김미경TV에서 70대 시니어 모델이 나온 영상을 본 적이 있다. 1949년생으로, 어린 나이에 결혼했다고 한다. 결혼을 하고 보니 종갓집 며느리였고, 직업을 갖는 걸 남편이 반대했다고 한다. 리포터로 일할 기회도 있었지만 남편의 반대로 번번이 무산됐다. 일흔이 넘은 나이에 며느리의 권유로 시니어 모델을 시작했는데 지금 삶이 너무 행복하다고 했다. 그 영상을 보면서 새로운 것을 시작하기에 마흔이라는 나이는 너무나 젊다는 생각이 들었다.

사실 나이는 전혀 중요하지 않다. 새로운 것을 해보려는 마음이 중요하다. 친정엄마는 늘 새로운 것을 배우고 싶어 하신다. 쉴 때 바리스타 자격증을 따셨고 예순이 넘었는데 피아노를 배우신다. 2020년에는 같이 피아노를 배우는 동료들과 작은 연주회도 가졌다. 엄마는 항상 이렇게 말씀하셨다.

"새로운 것을 배우는 지금이 가장 행복하다."

그런 엄마의 모습을 보고 자라서인지 새로운 것을 배우는 게 매우 즐겁다. 새로운 것에는 불안감이 따라오기 마련이다. 새로운 삶을 위해 퇴사를 고민할 때 나의 멘토가 이런 얘기를 했다.

"안정과 불안정 중 불안정이 정상이다."

새로운 것을 시도할 때마다 우리는 불안감을 느낀다. 하지만 그런 감정을 느끼는 게 정상이다. 안정감을 주는 익숙함에 길들면 그 삶에서 탈출할 수 없다. 불안함을 정상적인 감정으로 받아들이면 뭐든 새롭게 시도할 수 있게 된다. 그걸 알게 된 후 항상 새로운 기획을 하고, 기회가 오면 망설이지 않게 됐다.

강의를 하면서 많은 사람을 만났다. 그들의 공통점은 자신은 절대 할 수 없다고 미리 단정해버린다는 것이다. 그게 가장 무섭다. 시도도 해보지 않고 안 된다고 생각하면 그 자리에서 한 걸음도 뗄 수 없다. 세상은 급격한 속도로 변화하고 있다. 움직이지 않으면 정체되는 것이 아니라 뒤처지게 된다. '내가 어떻게 하겠어'가 아니라 '나니까 할 수 있어'라고 생각해보자. 이 한마디가 인생을 바꿀 수 있다. 이제 더는 고민하지 말고 한 걸음을 떼어보자. 일단 한 걸음을 떼면 다음 한 걸음을 내딛기가 훨씬 수월해진다. 어느 순간 되돌아보면 당신의 발자국을 지도 삼아 뒤따르는 사람들이 있음을 알게 될 것이다.

부자를 따라 했더니
나도 부자가 되어 있었다

나에게 부동산 투자는 인생 2막을 시작하게 해준 징검다리였다. 직장 생활을 할 때 나는 항상 더 나은 곳으로 가기 위해 노력했다. 처음에는 작은 기관에서 일하다가 시험을 쳐서 더 큰 단위의 기관으로 옮겼다. 한번은 스피치 대회가 있었다. 전 직원 앞에서 지역을 홍보하는 내용의 스피치를 했는데 거기서 1등을 했다. 그 대회를 준비하기 위해 몇 달 동안 자료를 만들고 발성 연습을 했다. 서점에서 스피치 책을 사 와 계속 공부했다. 목표를 한번 설정하면 어떻게 해서든지 이뤄내기 위해 모든 노력을 기울였다. 가족들은 성취욕 강한 나를 보면서 이렇게 말하곤 했다.

"그냥 물 흐르듯이 살면 되지, 왜 그렇게 자신을 들볶니?"

그래서 편하게 살아보려고 했지만, 잘 안 됐다. 항상 무언가 새로운 시도를 해야 즐거웠고, 목표로 하는 결과가 나올 때까지 멈출 수가 없었다. 이런 내가 너무 힘들게 사는 것 같다고 하지만, 하나씩 이뤄가는 게 나는 너무나 행복했다.

부동산 투자 역시 나에게는 성취의 대상이었다. 처음에는 당연히 서툴렀다. 확신도 없이 실행한 투자는 연달아 실패로 끝났다. 하지만 실패했다고 그만둘 수는 없었다. 꼭 성공해보고 싶었다. 그때부터는 성공한 사람들을 따라 해봤다. 그 사람들이 하라는 대로 공부했다. 그렇게 했더니 차츰차츰 돈이 되는 곳들이 보이기 시작했다. 그리고 지금도 그 방법대로 꾸준히 해나가고 있다.

부동산 투자에 어떤 스킬이나 요령이 있다고 생각하는 사람들도 있다. 하루빨리 그 스킬을 익혀서 돈을 벌고 싶어 한다. 장담하건대, 내가 해본 바에 따르면 그런 스킬은 없다. 부동산 투자의 원리는 변하지 않는다. 처음에 제대로 익혀두고 날마다 꾸준히 공부하면 자연스럽게 습득된다. 나 역시 초보일 때는 어떤 지역에 투자해야 하는지조차 몰랐다. 하지만 흐름을 분석해서 저평가 지역을 찾고 그 지역 안에서 아직 덜 오른 단지를 찾아내는 방법을 꾸준히 적용해보면서 지금은 스스로 유망 투자처를 찾을 수 있게 됐다.

부동산 투자를 하는 데 지름길은 없다. 꾸준히 무식하게 하는 게 최고의 방법이라고 생각한다. 아직도 나는 매일 지역을 분석하고 시세

조사를 한다. 그리고 현장으로 달려가서 소장님들을 직접 만나 물건에 대해 상담한다. 이런 일을 번거롭게 여기는 사람도 있겠지만 이것만큼 확실한 방법도 없다고 생각한다.

부동산 공부를 처음 시작하는 사람들에게 제대로 된 방향을 알려주고 싶어서 이 책을 썼다. 세상에는 수많은 정보가 흘러 다닌다. 올바른 정보도 있지만, 사람을 현혹하는 잘못된 정보도 무수히 많다. 그 안에서 올바른 정보를 찾아내기 위해서는 무엇보다 나의 기준이 필요하다. 이 책에 담긴 내용만 제대로 숙지해도 나의 기준을 잡을 수 있으리라고 믿는다.

모순적으로 들릴지도 모르지만, 부동산 투자가 인생의 최종 목표가 되지는 않았으면 한다. 지금은 부를 이룬다는 것이 먼 이야기로 들리더라도 이 책에서 제시한 방법대로 꾸준히 실행하면 누구나 어느 순간 부를 이루게 된다.

그런데 그토록 간절히 원하던 목표를 이루면 갑자기 모든 게 시시해져 버린다. 인생이 허무해질 수 있다. 그러므로 우리는 그 너머를 바라봐야 한다. 부동산 투자를 통해 부를 이뤘다면 내가 알고 있는 것을 세상에 제공해야 한다. 세상에 가치를 제공하면 지금보다 훨씬 멋진 사람이 된다. 어딘가 공허했던 마음이 충만해지는 걸 느끼게 된다.

지금 내가 그런 삶을 살고 있다고 감히 말할 수 있다. 블로그, 유튜브, 정규 강의 등을 통해 그동안 부동산 투자를 해오면서 쌓아온 지식을 여러 형태로 세상에 제공하고 있다. 나로 인해 인생이 바뀌고 있다는 사람들을 갈수록 더 많이 만나게 된다. 그럴 때가 가장 뿌듯하다. 부동산 투자를 하지 않았다면 절대 느끼지 못했을 감정이다. 내가 중심이었던 인생에서 세상을 중심으로 한 인생으로 바뀌었음을 느낀다. 당신도 부동산 투자를 통해 궁극적으로 세상에 가치를 제공하는 인생을 살았으면 좋겠다.